Albrecht Gralle

Ich bin's nur – Gott!

Unverschämte G

mit meine

scm R.Brockhaus

RB*taschenbuch Bd.* 676

Umschlag: Dietmar Reichert, Dormagen
Satz: Christoph Möller, Hattingen
Druck: Jesusbooks, Großburgwedel
ISBN-10: 3-417-20676-6
ISBN-13: 978-3-417-20676-0
Bestell-Nr. 220.676

INHALT

Schokoladenkrümel

Mit Don Camillo hat alles angefangen.

Da sitze ich nämlich neulich im Zug Richtung Hannover und lese ein altes Buch über Don Camillo, während der Bahnsteig langsam hinter mir verschwindet.

Ich hatte das Buch vor der Reise entdeckt, ganz oben bei mir im Regal. Mindestens zwanzig Jahre ist es her, seit ich es zum letzten Mal gelesen habe. An viel konnte ich mich nicht erinnern. Der »Don Camillo« hat schon ein paar Eselsohren, stammt aus dem Jahr 1964 und enthält achtzehn Federzeichnungen des Autors.

Gibt es eigentlich etwas Schöneres, als gemütlich im Zug zu sitzen, mit einem Becher Kaffee neben sich, und ein unterhaltsames und zugleich anregendes Buch zu lesen?

Zwischendurch muss ich schmunzeln über diesen Priester, der mit dem Gekreuzigten redet, als sei er ein guter Freund von ihm. Wie er mit seiner Bauernschläue Gott auf seine Seite ziehen will und nicht merkt, dass der seine eigenen Pläne hat. Das Kapitel ist zu Ende. Ich lasse das Buch sinken und blicke entspannt nach draußen: Wogende Gerstenfelder mit ihrem silbergrünen, seidigen Glanz ziehen an mir vorbei. An den Rändern von rotem Mohn betupft. Im Hintergrund: ein Waldstreifen, der sich über eine gewellte Landschaft erstreckt und ein Dorf dahinter ahnen lässt. Keine richtigen Berge, sondern eher Hügel, die viel Weite und blauen Himmel zeigen. Niedersachsen im Sommer.

Eine Landschaft zum Ausruhen. Genial gestaltet, denke ich.

»Vielen Dank«, sagt jemand.

Erschrocken drehe ich mich um, sehe aber niemanden.

»Keine Angst. Ich bin's nur – Gott«, höre ich.

»Gott? Hier im Zug?«, flüstere ich entsetzt. Zum Glück sitzt niemand im Abteil, der mein Flüstern hören könnte. Wie kommt Gott hier in dieses Abteil?, denke ich. Bei Don Camillo war er doch immer in der Kirche. Oder bin ich vielleicht krank?

»Witzbold«, bemerkt Gott. »Ich bin nicht nur in Kirchen, sondern überall. Außerdem bist du nicht krank.«

»Dass du überall bist, leuchtet mir zwar ein, aber ...«

Aber was soll ich eigentlich tun? Eben habe ich mich noch über die göttlichen Gespräche Don Camillos amüsiert, und jetzt geht es plötzlich bei mir selbst los. Lesen ist gefährlicher, als ich dachte. Am besten ich setze das Gespräch einfach fort und warte ab, was passiert.

»Ja, das ist auch das Vernünftigste«, meint Gott.

Ich räuspere mich und frage etwas mutiger: »Wo genau bist du nun eigentlich? Deine Stimme kommt von vorne links, aber könnte auch von hinten rechts kommen. Sprichst du in Stereo?«

»Ich bin im Raum, ohne im Raum zu sein«, sagt Gott.

Das ist mir dann doch etwas zu hoch und ich wechsle das Thema: »Diese Mischung von Weite und wenig Landschaft ... bringt mich richtig zum Entspannen.«

»Dazu ist das Ganze unter anderem ja da.«

»Aha.«

»Leider gibt es viel zu wenig Leute, die genießen, was ich geschaffen habe«, sagt Gott. Und ich habe den Eindruck, dass seine Stimme etwas traurig klingt.

Gerade biegen wir um eine Kurve. Der Wald weicht zurück und gibt die Sicht auf einen kleinen See frei, der …

Hinter mir rüttelt jemand an der Tür. Ich drehe mich um und seufze unhörbar. Meine fantastische Unterhaltung wird brutal zerrissen von einem älteren Ehepaar, das in meinen kostbaren Dialog einbricht. Aber ich kann sie ja schlecht abweisen.

»Ist hier noch ein Platz frei?«, fragt der Mann, der trotz des warmen Wetters eine karierte Weste unter dem Anzug trägt und einen roten Kopf hat.

»Ja«, sage ich und zwinge mich zu einem höflichen Grinsen. Dann wende ich mich wieder der Scheibe zu und tue so, als ob ich draußen etwas unglaublich Wichtiges suche. Ich kann nur hoffen, dass die beiden Eindringlinge für sich bleiben und mich in Ruhe lassen.

Hinter mir fängt der Mann zu stöhnen an. Ich drehe mich wieder um und sehe, dass er vergeblich versucht, den Koffer auf die Gepäckablage zu heben.

Ich überwinde mich und stehe auf, verpasse ein paar Kubikkilometer herrliche Landschaft und wuchte den Koffer nach oben, was mir gerade noch so gelingt. Wahrscheinlich haben die beiden eine Ladung Kies in ihrem Koffer verstaut, um bei ihren Enkeln den Gartenweg zu sanieren.

Die Frau des Rotgesichtigen, mit Faltenrock, weißer Bluse und großen Eulenaugen, lächelt mich freundlich an. Ich lächle höflich zurück.

Dann setze ich mich und versuche krampfhaft, mich in die Stimmung von vorhin zurückzuversetzen. Aber es gelingt mir nicht, weil sich die beiden lautstark über Bahnpreise und Spartickets unterhalten.

»Du wirkst etwas verkrampft«, stellt Gott fest.

»Gut beobachtet«, sage ich bitter in Gedanken. Das Flüstern muss ich jetzt aufgeben. »Da komme ich endlich mal zur Ruhe und will mich gerade entspannen, beginne einen … einen mystischen Dialog, und schon taucht Ehepaar Rotkopf-Eulenauge auf«, beklage ich mich.

»Ach komm!«, sagt Gott. »Vielleicht sind sie ja ganz nett. Schau sie dir doch mal unauffällig an.«

Ich setze mich wieder gerade hin und streife die beiden mit einem Blick.

Sie hat ihre Schuhe ausgezogen, legt das Zugmagazin als Unterlage auf den Sitz gegenüber und streckt ihre Beine aus. Die Waden, die ihre weißen Socken freilassen, sind durchzogen von Krampfadern.

»Ein herrliches Wetter«, sagt sie.

»Ja, ziemlich sommerlich«, nicke ich. Ihr Mann hat inzwischen seine Jacke ausgezogen und fängt doch tatsächlich an, seiner Frau die Füße zu massieren. Peinlich. Das Thema ihres Gesprächs dreht sich jetzt um Fußleiden und Reflexzonen, die mich im Augenblick überhaupt nicht interessieren, jedenfalls nicht bei diesen Füßen.

Ich wende mich wieder der niedersächsischen Landschaft zu, die unbeirrt an mir vorüberzieht. Irgendwie riecht es ein wenig säuerlich. Auch das noch! Ich könnte ja so tun, als ob ich aussteigen will und mir dann stattdessen ein leeres Abteil suchen, in dem ich ungestört …

»Seid gastfrei ohne Murren«, sagt Gott zu mir. Na toll, denke ich. Sind wir hier etwa im Gottesdienst? Das hört sich ziemlich stark nach Bibel an. Ich vermute Paulus oder so ähnlich.

»Ich glaube nicht«, rede ich Gott an, der in Zügen sitzt, ohne in Zügen zu sein, »dass sich dieser Bibelvers auf Zugabteile bezieht … Damals gab es nämlich noch keine Züge. Und wenn ich mich an meinen Religionsunterricht erinnere, gab es damals nur wenige Herbergen. Die Christen werden vermutlich aufgefordert, reisende Mitchristen übernachten zu lassen und …«

»Bla, bla, bla«, sagt Gott. Also wirklich! Ich dachte bis jetzt, dass Gott theologisch ausgereifter sei.

»Kannst du dir vorstellen«, fängt Gott wieder an, »dass diese beiden eines meiner größten Kunstwerke sind?«

»Schwer vorstellbar«, muss ich zugeben, denke dabei an die Krampfadern, vergleiche sie mit den silbergrünen Gerstenfeldern mit Mohn und Weite und halte meinen Daumen symbolisch nach unten.

»Pass auf«, sagt Gott. »Biete ihnen doch mal etwas von deiner Schokolade an. Und warte ab, was passiert.«

»Ich soll was?«

»Deine Schokolade anbieten, bevor sie schmilzt.«

Dass Gott immer diese schrecklich praktischen Vorschläge macht! Mit den Zehn Geboten fing es ja schon an, und jetzt hat er ein neues Gebot erfunden: das Schokoladengebot! Meine Augenbrauen ziehen sich in der Mitte zusammen, als ich in meiner Tasche nach der Tafel suche.

»Ohne Murren«, sagt Gott.

»Ja, ja, ist ja schon gut!« Ich atme tief aus, versuche in meinem Inneren eine Art geistigen Hebel umzulegen, stelle mir vor, die beiden seien ein wundervolles Ehepaar und reiche ihnen meine Packung.

Erstaunt sehe ich, wie die Augen der Frau aufleuchten, wie der Mann mir wohlwollend zunickt und wir in einem leicht dahinfließenden Gespräch versinken.

Ich erfahre etwas von der verworrenen Geschichte ihrer

Kinder: Der Sohn, arbeitsloser Akademiker, hat eine seltene Nervenkrankheit, lebt zeitweise in einem Landeskrankenhaus und beginnt eine Umschulung zum Reisebürokaufmann. Die Tochter hat es nach Havanna verschlagen, wo sie sich mit ihrem Mann und ihren drei Kindern über Wasser zu halten versucht.

»Da haben Sie ja nicht viel von Ihren Enkeln«, sage ich und muss meine Vorstellung vom Kies im Koffer aufgeben.

Die Frau, die von ihrem Mann mit Lisbeth angeredet wird, lächelt: »Wir schicken oft Pakete und bekommen lange Briefe mit Zeichnungen von den Kindern zurück. Das ist doch auch schon etwas, nicht wahr, Herbert?«

Herbert mit dem roten Gesicht nickt und meint: »Irgendwann wird sich unser Sohn vielleicht auch wieder fangen.«

Sie scheinen mit ihren Schwierigkeiten ganz gut umzugehen, denke ich, und meine Achtung steigt. Mir kommt es vor, als würden die Eulenaugen von Lisbeth nicht mehr ganz so unheimlich aussehen. Und ihre Stimme hat einen warmen Klang. Seltsam, wie schnell sich die Dinge ändern …

»Innere Einstellungen verändern äußere Verhältnisse«, sagt Gott so nebenbei.

»Lesen Sie ein interessantes Buch?«, fragt Herbert.

Ich nicke. »Wahrscheinlich kennen Sie es: Don Camillo und Peppone.«

»Ach. Gibt es das auch als Buch? Wir haben nur die Filme gesehen.«

Klar, die Filme mit dem Pferdegebiss von Fernandel kennt fast jeder.

»Tja«, seufzt Lisbeth und kramt nach ihrem Strickzeug. »Man müsste mit Gott so reden können wie Don Camillo.«

Ich nippe an meinem lauwarmen Kaffee im Pappbecher

und sage nur: »Das ist gar nicht so ungewöhnlich. Das könnte einem überall passieren.«

»Selbst in Zügen«, höre ich Gott, und in seiner Stimme schwingt ein Lachen mit.

Eine Zeit lang ist es still, ich greife wieder zu meinem Buch und lese weiter – bis ich höre, wie Herbert zu seiner Frau sagt: »Du hast da was am Mund, Lisbeth.« Und er wischt ihr einen Schokoladenkrümel weg. Zeichen einer langen, liebevollen Beziehung, denke ich.

»Wie gesagt«, schaltet sich Gott wieder ein. »Eines meiner größten Kunstwerke.«

Nach diesem Satz scheint er sich verabschiedet zu haben. Aber so richtig weg ist er ja nie. Wie hat er es vorhin ausgedrückt? »Ich bin im Raum, ohne im Raum zu sein.«

Ein Satz, der für jeden Vermieter eine Katastrophe wäre.

Gott im Garten

Ein paar Wochen später stehe ich im Garten. Nachdem die Hitze ein wenig abgenommen hat und die Farben zu leuchten beginnen, wage ich mich zwischen die Rosen, um Unkraut zu jäten.

Obwohl es heiß ist und ich lieber eine kurze Hose anziehen würde, muss ich mich für die lange entscheiden. Wegen der Dornen.

Die Rosen sind wirklich eine Pracht und haben sich wunderbar entwickelt. Vor Jahren habe ich kleinwüchsige, rosafarbene gepflanzt; und an der anderen Seite der Terrasse wachsen die langen, dunkelroten. Wie dicke rote Samtkugeln schaukeln sie in der einsetzenden Brise. Mit ihnen haben sich aber auch der Löwenzahn, der Giersch und die Ackerwinde entfaltet, die den Rosen, ohne sich um die Dornen zu kümmern, allmählich Licht und Platz wegnehmen.

»Unnützes Zeug!«, schimpfe ich ärgerlich, während ich versuche, das weit verzweigte blasse Wurzelgeflecht der Winde auszureißen und dem Giersch den Garaus zu machen.

»Das will ich überhört haben«, meldet sich Gott.

»Ach, du schon wieder.« Ich bin über mich selbst überrascht, wie locker ich inzwischen mit Gott umgehe.

»Ja, ich schon wieder«, sagt er mit freundlichem Ton.

»Und was willst du überhört haben? Etwa meine Bemerkung über das unnütze Unkraut? Du bist also der Meinung, dass ich unseren Garten einfach verwildern lassen soll?«

»Nein! Ganz und gar nicht!«

»Na also. Dann muss ich doch diese Winden entfernen und diesen wuchernden Giersch.«

»Natürlich.«

»Aber eben hast du doch gesagt ...«

»Mir ging es nur um deine boshafte Haltung dem Giersch und den anderen Pflanzen gegenüber.«

»Ach so.«

Gerade habe ich mit dem Messer neben einem Löwenzahn tief in die Erde gestochen und ein Riesenexemplar herausgezogen. Ein kapitaler Bursche.

»Du willst also«, fahre ich fort und werfe das erlegte grüne Büschel mit Siegermiene in den Eimer, »dass ich zu dem Unkraut höflicher sein soll? Ist es das?«

»Ja, das kommt der Sache schon näher. Aber keine kalte Höflichkeit, sondern ein wenig mehr Ehrfurcht.«

»Ehrfurcht!« Ich richte mich auf und biege meinen Rücken gerade. »Der Löwenzahn ist wie ein Krebsgeschwür. Diese unverwüstlichen Burschen wachsen und wachsen, und der Giersch ist noch viel schlimmer. Ich weiß nicht, warum ich ihnen gegenüber ehrfürchtig sein soll. Ich käme mir doch total bescheuert vor, wenn ich sagen würde: *Ach, mein lieber Giersch. Es tut mir Leid, aber ich muss Sie leider ausreißen. Vielleicht können Sie sich im Garten meines Nachbarn besser entfalten, aber bitte nicht bei mir!*«

»Gut«, sagt Gott. »Ich seh schon, wir müssen da mal weiter ausholen. Geh doch bitte einmal zu deinem Bücherregal und nimm das Buch ›*Was blüht denn da?*‹ heraus. Schlag nach unter Giersch, Ackerwinde und Löwenzahn. Und dann reden wir weiter.«

Ich verlasse das Rosenbeet, ziehe die dreckigen Schuhe aus und gehe auf Strümpfen zum Bücherregal.

»Giersch, auch unter dem Namen Podagrakraut oder Geißfuß bekannt, gehört zur Familie der Doldengewächse …«, lese ich. Na und? Ah hier, unter Allgemeinwissen steht noch mehr: »Die Blätter können als Wildgemüse zubereitet werden. Früher wurde der Geißfuß als schmerzlinderndes Mittel gegen Rheumatismus und Gicht zerquetscht und auf die schmerzenden Körperpartien aufgelegt.«

Ich blättere weiter und stoße auf die Ackerwinde, *convulvus arvensis*.

»Die Stängelspitze führt Suchbewegungen aus und beschreibt in anderthalb Stunden einen Kreis im Gegenuhrzeigersinn. Enthält Herzglykoside und Gerbstoffe. Alte Heilpflanze.«

Und – ich habe es schon geahnt – beim Löwenzahn das Gleiche: alte Heilpflanze, auch als Wildsalat geeignet.

Ich schlüpfe in die Arbeitsschuhe und mache mich wieder an die Arbeit.

»Nun? Was hast du herausgefunden?«, fragt Gott.

»Als ob du das nicht schon längst wusstest! Das ist doch eine rein rhetorische Frage! Es war ja klar, dass dieses Unkraut irgendwelche positiven Eigenschaften hat, sonst hättest du mich nicht ans Bücherregal geschickt. Aber immerhin, ich wusste nicht, dass der Giersch ein altes Mittel gegen Rheuma ist.«

Ich lockere den Boden, ziehe eine ganze Hand voll Giersch heraus und werfe das kostbare Rheumamittel in den Eimer für Grünabfälle.

»Aber weißt du, Gott«, fange ich wieder an. »Das ist ja alles schön und gut. Ich werde mich also bemühen, etwas mehr Ehrfurcht zu zeigen. Aber du kannst nicht bestreiten, dass es ganz widerliche Pflanzen gibt, die hochgiftig sind, und wenn ich sie als Wildsalat zubereiten würde, könnte ich vor dem Essen gleich den Leichenwagen bestellen.«

»Stimmt«, sagt Gott. »Es kommt allerdings auf die Dosis an. Eine kleine Prise Fliegenpilz lässt deine Seele durch die Träume fliegen, eine größere Dosis ins Jenseits. Deshalb der Name. Aber klar, er ist gefährlich. Es gibt Dinge in meiner Schöpfung, die tun dir nicht gut, ich denke da zum Beispiel an Feuer speiende Vulkane, an Gletscherspalten, an einen Blitz, der in deinen Kopf fährt, an einen Tiger, der gerade hungrig ist, und so weiter.«

»Ja, du nimmst mir das Wort aus dem Mund. Deine Schöpfung ist ziemlich gefährlich.«

»Ja, so gefährlich wie ein spannendes Buch, das einen nicht loslässt.«

»Ein Buch?«

Dieser Dialog entwickelt sich in eine seltsame Richtung.

»Ja, ein Buch«, wiederholt Gott. »Meine Schöpfung ist wie ein altes Weisheitsbuch, in dem man lesen kann.«

»Aha!« Ich bin ehrlich erstaunt. »Dann lies mir doch mal was vor.«

Es entsteht eine kurze Pause, als ob sich Gott besinnen müsste, dann höre ich: »Es gibt Zeiten in deinem Leben, in denen du wie ein Apfelbaum deine Blätter verlieren und zur Winterruhe kommen musst. Danach hast du wieder Kraft, um Neues zu gestalten und Blüten und Blätter zu treiben.«

»Ach, so meinst du das. Der Garten als Gleichnis.«

Gott geht gar nicht darauf ein, sondern liest in seinem Buch weiter: »Gleichst du nicht manchmal der Winde? Du drehst dich und drehst dich um eine Sache, du denkst, du kommst vorwärts oder zumindest nach oben, und dann merkst du, dass ganz oben eine Menge Läuse sitzen, die nur auf dich gewartet haben.«

»Das klingt ja sehr erbaulich.«

»Oder da ist eine Baustelle. Vielleicht deine eigene Lebensbaustelle. Der Dreck liegt dumpf und braun in der Gegend herum. Es sieht nach Umbruch aus, Chaos. Hässlichkeit. Und du hast keine Zeit und kein Geld für einen Gärtner, der dein Leben in Ordnung bringt. Aber dann? Was passiert? Nach ein paar Wochen ist der braune Hügel mit Giersch und Löwenzahn bedeckt, und wenn die Morgensonne darauf fällt, liegt der Hügel da, als sei er mit Gold überzogen. Deine Baustelle ist gar nicht so hässlich, wie du gedacht hast. Du musst sie nicht hinter Brettern verstecken. Lass sie so, wie sie ist. Sie hat ihre eigene Schönheit.«

»Hm!« Ich richte mich wieder auf und blicke in meinen Eimer voller Grünabfall, der gar nicht mehr wie Abfall aussieht. Mir ist, als ob jede Kleinigkeit zu einem Gleichnis werden könnte. Eine Gänsehaut zittert über meine Arme und kriecht mir den Rücken entlang. Ist es möglich, dass alles miteinander zusammenhängt? Der Sinn meines Lebens, der Löwenzahn und der Giersch? Die Läuse, die Ameisen, der Sonnenuntergang? Liebe, Blütenkelche, Winterstarre und ein Gebet?

Das ist zu viel. Ich lasse den Abfalleimer und das Rosenbeet hinter mir, gehe in die Küche und öffne ein kühles Bier.

Dann muss ich mich setzen, weil mir die Knie zittern.

Verrückt vor Liebe

Erstes Gespräch

Es ist Sonntag gegen halb zwölf. Der Frühnebel hat sich seit heute Morgen gehalten. Es regnet nicht, und so mache ich mich nach dem Kirchenkaffee auf den Weg nach Hause.

Ja, ich gehöre tatsächlich zu der seltenen Sorte von Menschen, die ab und zu in die Kirche gehen und morgens um halb zehn Hundebesitzern über den Weg laufen, die mich und meine Frau interessiert betrachten und vergebens nach einem Hund Ausschau halten.

Aber jetzt, um halb zwölf, nach der Kirche, haben sich neben den Hundebesitzern und Kirchgängern noch andere Menschen eingefunden: harmlose Spaziergänger, späte Jogger und Kinder, die man unter Androhung von drastischen Strafen gezwungen hat, ihre Ballerspiele am Computer zu verlassen und an die frische, neblige Luft zu gehen.

Es ist kühl, der Sommer ist dabei, die Blätter hängen zu lassen. Nur der Ahorn hält sich noch tapfer und lässt sich das Grün nicht so schnell wegnehmen. Ein paar Birkenblätter, am Rand schon gelb, kleben auf dem nassen Gehweg, während ich in eine ruhige Straße einbiege.

Ich gehe nach der Kirche gern alleine nach Hause. Es ist so besinnlich. Meine Frau wird später bei jemandem mitfahren. Ihr »Klönbedarf« ist größer als meiner.

Noch geht mir der Gottesdienst nach, besonders der Predigttext: »Und Gott redete mit Mose wie mit einem Freund.«

Ob ich mit Gott jetzt reden könnte? Das Thema reizt

mich. Aber es klappt nicht immer mit dem Reden. Ich bin ja erst dabei, Erfahrungen zu sammeln, wie man von einem Selbstgespräch in einen Dialog mit einem Unsichtbaren wechselt. Meistens überrascht mich Gott, wenn ich nicht mit ihm rechne. Vielleicht könnte ich ja mal den Spieß umdrehen und ihn aus dem Konzept bringen, statt mich immer von seinen Fragen und Antworten überraschen zu lassen? Kann man aber jemanden, der jenseits der Zeit lebt, wirklich überraschen? Ich probiere es einfach mal. Die Fragen werden mir nicht so schnell ausgehen, denn das Thema Freundschaft mit Gott ist ein weites Feld. Allerdings muss ich aufpassen, dass ich nicht laut rede, sonst denken die Leute noch, dass ich gerade aus der Psychiatrie komme und Ausgang habe.

Um von der belebten Straße herunterzukommen, mache ich einen Umweg und nehme den schmalen Pfad an unserem Fluss entlang, einem Nebenfluss der Leine. »Mose soll also ein persönlicher Freund von dir gewesen sein …?«, versuche ich den ersten Satz und warte ab. Dann höre ich tatsächlich wieder die vertraute Stimme: »Ja, Mose und ich hatten einen sehr vertrauten Umgang miteinander. Aber das kam nicht auf einen Schlag, es hat sich nach und nach entwickelt.«

Meine Güte, denke ich, wenn ich mir vorstelle, mit Gott befreundet zu sein! »Gibt es das denn heute auch noch?«

»Natürlich. Zwischen dir und mir könnte sich zum Beispiel auch eine Freundschaft entwickeln.«

»Hm. Aber das würde doch bedeuten, dass du mich wirklich liebenswert findest, dass du dich bemühst, zu verstehen, was ich mag, vielleicht auch, dass du meine Lieblingsbücher liest, dass du meine Hand hältst, wenn ich krank bin, mit mir abenteuerliche Ausflüge machst, betrübt bist, wenn ich

Kummer habe und mich zum Lachen bringst … Eine merkwürdige Vorstellung, findest du nicht?«

»Nein, überhaupt nicht. Ich interessiere mich brennend für deine Lieblingslektüre oder Lieblingsfilme.«

Vor uns taucht eine Holzbrücke auf. Ich überquere den Fluss, bleibe auf der Brücke stehen und betrachte ein paar Enten, die sich im Wasser tummeln. Früher habe ich sie zusammen mit meinen Kindern gefüttert. Das müssen dann wohl jetzt die Enkel dieser Enten sein. Oder besser: Urenkel. Gleiches Outfit, andere Tiere.

Noch immer ist die Sonne nicht richtig durch die Wolken gekommen, und auf dem Wasser spiegelt sich ein Bleihimmel.

»Weißt du«, fährt Gott fort, »ich interessiere mich nicht nur für deine Lieblingsbücher, sondern für alles. Ich lasse deinen Gedankenstrom an meinem Ohr vorbeiziehen und betrachte jedes Wort von dir wie einen Stein im Flussbett. Ich halte nicht nur deine Hand, wenn du krank bist, sondern dein Herz, deine Lunge, deine Gedärme …«

»Das klingt etwas unappetitlich …«

»Ich erhalte deine Blutgefäße, damit sie das viele Blut transportieren, sehe zu, dass deine Nieren ihre Arbeit tun, und habe bisher jeden deiner Ausflüge begleitet, auch wenn sie für dich langweilig oder beschämend waren. Ich leide mit dir mit, wenn du versagst.«

»Stopp! Das erschlägt mich. Und was ist mit dem Lachen?«

»Wie oft habe ich dich schon zum Lachen gebracht! Meinst du, eine Situationskomik entsteht rein zufällig? Weißt du, ich bin nicht nur dein Freund, sondern ich liebe dich so, wie eine Frau dich lieben würde, wenn sie in dich verliebt wäre. Und das ist nur eine blasse Vorstellung. Ich bin vollkommen verrückt nach dir, begreifst du das?«

An diesen Gedanken muss ich mich erst gewöhnen. Gott, der verrückt ist nach mir!

Ich lasse die Enten hinter mir und gehe weiter am Fluss entlang, genauer gesagt an einer Reihe Erlen, die das rauschende Wasser verdecken. Ein Junge auf dem Fahrrad kommt mir entgegen und wirft mir einen neugierigen Blick zu. Wo waren wir? Richtig: Gottes Liebe zu mir soll ich mit der Liebe einer Frau vergleichen! Ist das nicht etwas zu … menschlich? Und Gott behauptet, er sei förmlich verrückt vor Liebe nach mir? Aber halt! Das kommt mir bekannt vor. Das habe ich doch schon irgendwann einmal gelesen ...

»Bei Ernesto Cardenal«, hilft Gott nach.

»Richtig, bei dem poetischen Priester aus Nicaragua, der für zwei Jahre in einem Trappistenkloster verschwand … Mit dem hast du also auch schon Gespräche geführt?«

»Natürlich. Er war sehr offen und hörbereit. Und mit vielen anderen vor ihm und nach ihm: Abraham, Maria, Petrus, Johannes, Paulus, Hildegard, Franz, Teresa, Martin, Sundar Singh, Karl-Heinz …«

»Wer ist Karl-Heinz?«

»Du kennst ihn nicht. Ein Unbekannter. Ich liebe ja nicht nur die Berühmtheiten, weißt du …«

»Und du hast Jesus auf deiner Liste vergessen …«

»Soll das ein Witz sein?«

»Wieso?«

»Jesus ist sozusagen mein anderes Ich, meine menschliche Seite. Es gibt nicht zwei Götter.«

»Ja, schon. Aber … er hat doch mit dir geredet und zu dir gebetet, oder nicht?«

»Bringst du nicht auch manchmal zwei Seiten in dir zum Sprechen? Zum Beispiel jetzt? Deine spirituelle Seite und deine Alltagsseite?«

»Meine spirituelle Seite?«, stutze ich, denn das würde bedeuten ... »Dann höre ich also deine Stimme gar nicht direkt, sondern aktiviere nur meine eigene spirituelle ...«

»Natürlich hörst du nicht meine Stimme direkt«, sagt Gott so lapidar, als ginge es um eine Einladung zum Nachmittagstee. »Kein Mensch bliebe am Leben, würde ich direkt mit ihm reden. Meine Güte, ich erfülle mit meiner Herrlichkeit das Weltall! Was glaubst du wohl, was passieren würde, wenn ich mit meiner Sprache und mit meinen eigenen Worten zu dir reden würde? Wenn ich rede, schmelzen Berge wie Wachs an der Sonne. Außerdem würdest du kein Wort verstehen.«

Ich bleibe verblüfft stehen. »Halt! Aber ... wer redet denn dann mit mir?«

»Der Heilige Geist, der in dir wohnt. Er benützt deine Worte und Gedanken, um das, was ich sagen will, in deine Sprache zu übersetzen. Manchmal ist auch ein Engel dabei, der den Prozess noch deutlicher macht.«

»Aber das würde ja bedeuten, dass manches von dir nicht eins zu eins rüberkommt.«

»Richtig. Auf dieser Erde gibt es nichts Vollkommenes. Auch mein Wort ist ein Schatz in irdischen Gefäßen, wenn ich mal zitieren darf. Man muss manchmal hinter den geschriebenen Worten das Gold suchen.«

»Okay, warte mal. Nur noch mal zur Sicherheit: Aber wir reden jetzt ... ganz wirklich miteinander?«

»Sicher. Ich rede mit dir durch einen Dolmetscher. Beten ist kein Selbstgespräch. Denk an die Enten!«

Ich gehe weiter und sehe zwischen den Erlen, die ein paar Weiden in ihre Reihen aufgenommen haben, eine Lücke zum Fluss. Ein paar Enten sitzen am Ufer, den Kopf unter ihre Flügel gesteckt, und putzen sich oder fetten ihr Gefieder ein.

»Was haben denn die Enten mit unserem Gespräch zu tun?«

»Sehr viel. Wenn du mit Enten sprechen müsstest, dann würdest du vermutlich auch versuchen, ihre Sprache zu sprechen. Sonst könnten sie dich nicht verstehen. Du würdest mit den Armen wedeln, mit dem Hintern wackeln und Quak sagen müssen, um dich verständlich zu machen.«

»Aha! Du vergleichst mich also mit Enten.«

Im Augenblick bin ich etwas sprachlos. Aber wenn man logisch nachdenkt, ist es eigentlich klar. Gott kann nur in den Worten und Bildern mit mir kommunizieren, die er in mir vorfindet. Anders geht es ja nicht.

Inzwischen hat sich der Nebel verzogen und lässt eine zwar milchige, aber dennoch deutliche Sonnenscheibe erkennen.

Bisher konnte ich Gott noch nicht so richtig in Verlegenheit bringen. Meistens ist es umgekehrt. Außerdem tauchen immer neue Themen auf.

Aber das wird sich ändern. Das Thema Liebe und Freundschaft mit Gott hat genügend Sprengstoff. Und jetzt fällt mir auch schon die richtige Frage dazu ein: »Sag mal, Gott, du liebst mich also. Schön und gut. Aber das Gleiche sagst du zu Milliarden anderer Menschen auch. Wie kannst du überhaupt bei so vielen Menschen gleichzeitig sein und sie lieben?«

»Nur ein paar Milliarden? Du vergisst die Toten.«

»Wieso? Sind die nicht tot?«

»Ich bin kein Gott von Leichen, sondern von lebendigen Menschen. In mir sind sie alle lebendig.«

»Hoffentlich wissen sie das auch.«

»Manche Toten haben noch gar nicht gemerkt, dass sie tot sind. So schnell geschah der Übergang und so verblüffend ähnlich erscheint ihnen die andere Seite. Die Seele ist sehr leiblich auf eine gewisse Art.«

Hm, denke ich, ein reizvolles Thema, aber ich lasse mich jetzt nicht ablenken und frage weiter: »Also gut, bei den Toten bist du auch noch. Legen wir noch ein paar Milliarden drauf.«

»Tja, mein Lieber und dann sind da noch andere Menschheiten auf anderen Planeten in anderen Sonnensystemen!«

»Also doch! Ich hab es geahnt. Wir sind nicht die Einzigen!« Und in meinem Kopf geht eine Art geistiges Radio an, und ich höre die Prinzen singen: »Wir sind nicht allein …«

»Meinst du«, unterbricht Gott meine persönliche Radiosendung, »ich wäre so unökonomisch und würde das ganze Weltall entstehen lassen wegen einer einzigen Menschheit?«

Schon wieder geht unser Gespräch in eine andere Richtung.

»Aber zurück zu unserer Ausgangsfrage«, sage ich. »Wie schaffst du es, überall gleichzeitig zu sein?«

»Das ist die falsche Frage.«

»Wieso?«

Ich habe eine leere Bank entdeckt und denke, dass es noch warm genug ist, um ein paar Augenblicke darauf zu sitzen. Ich breite meine Arme über die Rückenlehne, schließe die Augen und genieße die Herbstsonne.

»Erinnere dich an die Zugfahrt neulich nach Hannover mit Eulenauge und Rotkopf«, fängt Gott wieder an. »Ich bin im Raum, ohne im Raum zu sein. Du denkst in den Kategorien von Raum und Zeit, die für mich nicht gelten. Ich bin kein Wesen, das mal hier ist und dann wieder woanders. Ich bin da und erfülle alles. Sobald du eine Vorstellung von mir hast, ich würde irgendwo bei Punkt XY auf einem Thron oder auf einer Bank herumsitzen, bist du schon auf dem Holzweg ...«

»Halt, halt! Ich zitiere: Vater unser im Himmel ...«

»Der Himmel ist kein Ort, sondern ein Zustand. Der Himmel kann überall sein, wo man in einem Zustand der Liebe und Weisheit ist.«

Ich blicke nach oben in den allmählich blauer werdenden Himmel. Als Kind habe ich mir immer vorgestellt, dass hinter dem blauen Etwas Gott wohnen würde. Wie schön waren die Zeiten, als man für Gott noch einen genau definierten Platz hatte. Inzwischen weiß ich, dass der Weltraum riesig ist und nicht gerade die Atmosphäre eines anheimelnden Wohnzimmers hat. Seitdem habe ich den Himmel in eine andere Dimension verlegt, aber trotzdem an einen Ort. Soll also auch das vorbei sein? Gibt es den Himmel nur noch als Symbol? Ich seufze ein wenig.

»Was ist denn los?«, fragt Gott teilnahmsvoll nach.

»Deine Bemerkung über den Himmel hört sich so an, als ob es den Himmel gar nicht richtig gibt, als ob er nur so ein psychologischer Faktor ist ...«

»Auch die Psyche und das Geistige müssen sich in Formen ausdrücken, sonst existieren sie nicht. Eine geistige Welt hat auch Körper und Farben, die genauso fest sind in ihrer eigenen Welt wie auf deinem Planeten. Nur sind sie von viel besserer Qualität.«

»Hm.«

Schon wieder muss ich stutzen. Das Geistige muss sich auch in Formen, Körpern und Farben ausdrücken ... Da muss ich noch mal direkter nachfragen. Also sage ich zu Gott: »Nur damit kein Irrtum herrscht: Im Himmel gibt es Bäume und Blumen, Berge und Seen, Löwen und Vögel, richtige Häuser und ... und eine Bank?«

»Natürlich. Das gehört doch zum Menschsein dazu. Du kannst nicht in einem sterilen Paradies leben. Das macht keinen Spaß.«

»Und diese Dinge sind richtig real? Ich meine, zum Anfassen? Man kann sie riechen und sehen?«

»Gegenüber den Bergen und Seen, Vögeln und Häusern des Himmels würden dir die irdischen Dinge wie unwirkliche Schatten erscheinen. Sagen wir mal: Eine Bank im Himmel ist sehr stabil, aber du holst dir keinen Splitter.«

»He! Diese Sache mit der irdischen Wirklichkeit als Schatten kommt mir auch bekannt vor. Sag mal, ist das nicht ... Platon?«

»Richtig. Das ist von Platon, meinem Diener. Und es steht auch etwas davon im Hebräerbrief und in der Offenbarung. Und vergiss nicht: Dein Tast- und dein Geruchssinn im Himmel sind hundertmal intensiver als hier. Auch der Geist ist ein Körper in einer höheren Seinsform und hat Herz und Lunge und alles, was dazugehört. Stell dir das Geistige nicht so nebelhaft, blass und verschwommen vor, und denke daran, dass in diesem vergänglichen Körper eine unsterbliche Seele wohnt wie ein kostbarer, lebendiger Edelstein.«

Ich blicke mich um. Jetzt hat sich der Nebel ganz verzogen, und die Erlen und Weiden an der Flussaue haben klare grüne und gelbe Formen.

Das Geistige soll also auch Formen haben, und die irdische Realität ist wie ein Schatten …

Ich stehe auf und schlendere langsam weiter.

»Lieber Gott«, sage ich im Weitergehen. »Hoffentlich lesen das jetzt nicht protestantische Theologen. Soweit ich weiß, haben die immer gewisse Schwierigkeiten, platonische Philosophie und christlichen Glauben zusammenzubringen und behaupten, das würde dem biblischen Denken widersprechen. Es wird ihnen fast schlecht, wenn man bei ihnen von der unsterblichen Seele redet.«

»Sie tun mir Leid. Es entgeht ihnen einiges. Aber kennen sie nicht mein Wort an den Verbrecher am Kreuz, den ich am selben Tag in das Paradies nach seinem Tod eingeladen habe, während sein Körper im Grab zerfallen wird?«

»Ja schon, aber man kann mit der Zeichensetzung jonglieren. Manche behaupten, wenn man stirbt, ist man radikal tot und muss von dir neu erschaffen werden.«

»Das ist doch Unsinn. Etwas Geistiges kann nicht vermodern oder vernichtet werden. Ich habe schließlich die Ewigkeit den Menschen ins Herz gelegt. Es geht um Verwandlung. Wie gesagt, ich bin nicht der Typ, der sich mit Leichen umgibt.«

»Aha. Übrigens haben wir uns schon wieder von unserem Thema entfernt. Ist das Absicht, dass du mich ablenkst? Es geht doch um Liebe und Freundschaft! Ich frage mich schon die ganze Zeit: Brauchst du uns überhaupt für dein Glück? Du könntest doch auch ohne uns auskommen. Was soll also das ganze Gerede von einer Freundschaft mit Gott?«

»Wer sagt, dass ich die Freundschaft der Menschen nicht brauche?« Ich habe den Eindruck, dass Gottes Stimme etwas strenger klingt als sonst.

»Hab ich mal in einer Predigt gehört. Man sagt, dass du uns nicht nötig hast, weil du in dir selbst Gemeinschaft bist und in drei Personen lebst: Vater, Sohn und Heiliger …«

»Heiliger Unsinn ist das. Es gibt nur einen Gott, der sich in dreifacher Gestalt zeigt, als Vater, als Sohn und als Geist oder als Göttliches, Menschliches und Wirkendes. Weißt du, ich bin kein selbstverliebter Gott. Liebe bedeutet, dass man etwas außerhalb seiner selbst liebt. Und für mich muss das jemand sein, der nicht Gott ist. Ich sehne mich wirklich nach dir!«

Der Weg führt jetzt vom Fluss weg, und ich komme an einem Spielplatz vorbei und an ein paar Reihenhäusern. Kinder kreischen. Ein paar Jungs spielen Fußball. Ich habe das Gespräch unterbrochen, weil mir die letzte Bemerkung noch in den Ohren klingt und etwas unangenehm ist: »Ich sehne mich nach dir«, hat Gott gesagt. Hört sich fast rührselig an wie in einem schlechten Liebesfilm. Ich kann es einfach nicht glauben, dass Gott sich wirklich nach mir sehnt und mich angeblich für sein persönliches Glück braucht. Wenn das wahr wäre – das wäre ja unvorstellbar! Das kann unmöglich sein!

Jetzt ist es nicht mehr weit nach Hause. Über die Straße, am geschlossenen Supermarkt vorbei, durch den Garten zur Haustür. Schon wieder hat sich eine neue Generation Löwenzahn zwischen den Rosen breit gemacht. Aber ich weiß ja jetzt, dass diese außergewöhnliche Pflanze heilende Kräfte in sich trägt. O heiliger Löwenzahn!

Während ich den Schlüssel aus meiner Tasche krame, schaltet sich Gott wieder ein.

»Was ist los? Du hast abgebrochen!«

»Ja, hm. Deine letzte Bemerkung war mir fast ein bisschen peinlich: *Ich sehne mich nach dir!* So toll bin ich ja nun auch wieder nicht.«

Ich gehe in die Küche, schenke mir aus der Thermoskanne noch einen Schluck Kaffee vom Frühstück ein, setze mich auf die Couch und lege die Beine hoch.

»Das will ich überhört haben. Du weißt doch selbst, dass wirkliche Liebe nicht davon abhängig ist, ob der andere toll ist oder nicht ...«

»Klar, ich weiß schon. Theoretisch weiß ich das: bedingungslose Liebe ...«

Ich nippe an meinem Kaffee und spüre von ganz weit weg ein leises Glücksgefühl. Mensch, wenn das wahr wäre: Gott braucht meine Freundschaft!

»Richtig. Bedingungslose Liebe. Alles andere ist nette Zuneigung, Sympathie ...«

»Und Freundschaft?«

»Freundschaft bedeutet für mich, dass man eine Art vertrauten Umgang miteinander pflegt.«

»So wie wir jetzt?«

»Ja, so ähnlich. Einem Freund gewährt man einen Einblick in das, was man vorhat. Freunde sind keine bloßen Befehlsempfänger.«

»Also willst du von mir keinen blinden Gehorsam?«

»Auf keinen Fall.«

»Aber es wäre doch für dich viel leichter, wenn ich einfach das tue, was du mir sagst, ohne nachzudenken, freudig ergeben, demütig, fromm ...«

»Ja, ja. Red nur weiter so. Das klingt nach einer ziemlich verklemmten und heuchlerischen Frömmigkeit.«

»Aber das hört man doch oft in frommen Kreisen, dass du absoluten Gehorsam forderst und …«

»War Moses absolut gehorsam gewesen?«

»Hm.« Ich denke nach. »Zumindest nicht sofort. Er hatte seine Fragen. Aber Abraham! Der Vater des Glaubens. Du hast zu ihm gesagt: Zieh los! Und er packte die Koffer und zog los.«

»Du weißt nicht, wie viel Zeit und Überlegungen dazwischen lagen. Und später verlor er die Geduld und zeugte einen Sohn mit seiner Magd, weil er auf einen Sohn von Sarah nicht warten konnte. Weißt du, Leute, die blind tun, was man ihnen sagt, sind mir von jeher suspekt gewesen. Wenn sich jemand zu einer Entscheidung durchringt, das ist mir viel mehr wert und viel lieber.«

»Ja, das hört sich eher freundschaftlich an.«

»Also, bleiben wir Freunde?«

»Ich hoffe. Aber ich hab da noch ein paar Fragen.«

Ich höre den Schlüssel. Meine Frau kommt zurück.

»Na, schon lange da?«, fragt sie mich, während sie den leichten Mantel auszieht und an die Garderobe hängt.

»Nein. Eben gekommen.«

Sie blickt mich kritisch an und lächelt leicht. »Du warst wieder bei den Enten, stimmt's?«

Ich nicke. »Es gab viel nachzudenken.«

»Was denn?«

»Gott als Freund und so.«

»Ach so, die Predigt.« Sie hält inne. »Wäre schön, wenn das heutzutage möglich wäre, aber ich kann mir's nicht vorstellen. Hast du schon eine Idee, was wir essen könnten?«

»Kartoffeln. Davon haben wir noch genug.«

»Hm ...« Sie überlegt. »Gut. Ich mach den Rest.«

Während ich Kartoffeln schäle, denke ich, dass der Rest des Gesprächs sich sehr lange hinziehen könnte. Bei diesem Thema liegen noch eine Menge Stolpersteine auf dem Acker.

Zweites Gespräch

Es ist eine Woche vergangen. Ich habe oft über das letzte Gespräch nachgedacht. Vor ein paar Tagen hatte ich eine Stunde Zeit, als ich allein im Wartezimmer beim Zahnarzt saß, aber als ich mit Gott sprechen wollte, klappte es nicht. Vielleicht war ich zu unruhig. Da Gott überall ist, wäre er sicher zu einem Gespräch bereit gewesen. Ich werde herausfinden müssen, woran es liegt, wenn die Kommunikation manchmal besser gelingt und manchmal wie verstopft ist.

Mein Zahnfleisch, das an einer Stelle entzündet war, schmerzt wenigstens nicht mehr.

Ich muss mich jetzt beeilen, weil der Bus in einer Minute kommt. Und ausgerechnet jetzt muss es auch noch regnen!

Als ich keuchend an der Haltestelle ankomme, sehe ich nur noch die roten Rücklichter im Regen verschwimmen. Meine Uhr geht nach. Also warten. Zum Glück ist die Haltestelle überdacht.

Auf jeden Fall bin ich wild entschlossen, den Dialog fortzusetzen. Denn so ganz leuchtet mir die Sache mit der Freundschaft immer noch nicht ein. Neulich fiel mir auf, dass die vielen Titel, die man Gott gegeben hat, sich schrecklich anhören, wenn man eine Freundschaft mit ihm beginnen will. Man muss sich das nur einmal anhören: *Herr,*

Herrscher des Himmels, Gott, Friedefürst, Höchster, Allmächtiger, Schöpfer, Ich bin, der ich bin und so weiter und so fort. Das alles klingt nach: du da oben und ich da unten, nach absoluter Überlegenheit. Keine Spur von gleichwertiger Partnerschaft, von Freundschaft, von …

»Augenblick mal.«

Schau an! Es geht wieder los. Er hat sich gemeldet. Ich sag's ja: Immer wenn man nicht damit rechnet, fängt er an zu reden. Dann lasse ich jetzt den nächsten Bus sausen und gehe zu Fuß, auch wenn es regnet. Wozu gibt es Schirme? Ich spanne den Schirm auf, gehe los und bin ganz Ohr. Aber der Regen entwickelt sich nach zwanzig Metern zu einer wahren Sturmflut. Ich muss mich dringend unterstellen. Aber wo?

Ich entdecke einen überdachten Hauseingang mit einem Glasdach darüber und renne darauf zu. Geschafft!

»Ja«, meldet sich Gott, während der Regen laut auf das Dach prasselt. »Jetzt geht es bei dir etwas durcheinander. Du hast natürlich Recht. Ich bin dir kräftemäßig weit überlegen. Und es wäre eine Illusion, zu glauben, wir bewegten uns auf gleicher Ebene. Wir haben keine gleichwertige Partnerschaft. Das geht nicht. Du bist nicht Gott.«

Ich kann mir ein Lächeln nicht verkneifen. »Na siehst du! Du gibst es sogar zu. Also Schluss mit dem Gerede von Freundschaft mit dem Gott des Universums.«

»Warum?«

»Na, du hast doch eben selbst gesagt, dass es ziemlich eindeutige Herrschaftsverhältnisse zwischen uns gibt, und da eine Freundschaft nur funktioniert, wenn beide gleichrangig sind, muss ich doch annehmen …«

»Und genau da liegt dein Irrtum. Es gibt durchaus Freundschaften zwischen ungleichen Partnern.«

»So?«

»Ja. Schau mal nach links. Was siehst du dort?«

»Ein ziemlich hässliches, nasses Hochhaus.«

»Nein, ich meine die Leute, die unterwegs sind.«

»Ich sehe eine Frau, die ihre kostbare Frisur unter einem riesigen Schirm rettet, ich sehe einen älteren Herrn mit Regenmantel und Hut, der auf ein Haus zustürmt und ein kleines Mädchen an der Hand hält, die gerade in eine Pfütze getreten ist.«

»Genau. Ein Opa mit Enkelin. Wenn dieser nette Großvater noch einigermaßen fit ist, ist er doch der Überlegene. Er hat den Führerschein, hat eine riesige Lebenserfahrung, kann hundert Dinge. Er war vielleicht vor einem halben Jahr noch der Chef einer Computerfirma, und seine Enkelin kann noch nicht einmal lesen und schreiben und hat das Wort *Akzeptanz* noch nie gehört. Und trotzdem kann sich zwischen ihnen eine Freundschaft entwickeln. Vielleicht ist der Großvater begeistert von der unbekümmerten Art, wie seine Enkelin einen Regenbogen bestaunt oder zum ersten Mal mit dem Zug fährt. Er fühlt sich wieder jung. Und sie stört sich nicht an seiner Überlegenheit und genießt es, wenn er ihr erklärt, warum das Licht in der Glühbirne angeht. Oder nimm Charlie Chaplin, der in hohem Alter eine junge Frau geheiratet hat, die …«

»Willst du mich mit einer Frau vergleichen und dich mit Charlie Chaplin? Also, ich weiß nicht …«

»Tja, mein Lieber, deine Seele ist weiblicher, als du denkst. Aber gut. Es gibt echte Freundschaften zwischen absolut ungleichen Partnern. Ich bin dir zwar in vielem überlegen, aber es gibt Dinge, die nur du kannst und ich nicht …«

»Was? Das kann nicht sein.«

Vor mir sehe ich, wie ein Bach aus Regenwasser in einem Gully verschwindet. Blätter und kleine Rindenstücke, ein leerer Eisstiel und ein Fetzen Papier verschwinden ebenfalls in der Tiefe.

»Doch. Du kannst Dinge tun, die ich nicht tun kann. Zum Beispiel: dich verstellen. Dein Inneres kann voller Hass sein, und trotzdem kannst du den anderen höflich angrinsen und ihm Honig um den Bart schmieren, wie es bei euch heißt. Das kann ich nicht. Meine Liebe ist unverstellt und innen und außen gleich. Auch die Engel sind unfähig, sich zu verstellen. Im Himmel atmet man die Luft der Offenheit. Glas ist der Baustoff, der aus dem Boden wächst. Die Engel können nicht heucheln und finden es zum Fürchten, wenn sie es bei Menschen feststellen. Es ist dann so, als ob eine Art Leichengestank von den Heuchlern ausgeht.«

»Hm. Es soll also ein Vorteil sein, dass ich heucheln kann und du nicht?«

»Das habe ich nicht gesagt. Ich wollte dir nur klar machen, dass ich nicht das allmächtige Wesen bin, das du dir immer vorstellst.«

»Ach was! Jetzt untertreibst du. Du brauchst doch nur mit dem Finger zu schnippen, und alle Menschen würden mit drei Augen herumlaufen.«

»Also bitte! Was soll das? Gerade bei Menschen hat meine Macht Grenzen.«

»Warum?«

»Weil ich ganz und gar aus Liebe bestehe. Das ist meine

Substanz, mein Fleisch, wenn du so willst. Also werde ich niemals einen Menschen zu irgendetwas zwingen …«

Die Ampel in der Hauptstraße wird grün, und ein Teenager mit durchnässtem Kapuzenpullover rennt an mir vorbei und starrt mich an. Wahrscheinlich habe ich doch zwischendurch halblaut geredet. Ob ich jetzt weitergehen kann? Aber das Gespräch fesselt mich. Wie war das? Gott will niemanden zwingen?

»Genau«, sagt Gott. »Einen Menschen zu etwas zwingen, was er gar nicht will, wäre langfristig sinnlos. Alles, was er aus Zwang tut, würde von ihm abfallen wie getrockneter Lehm, wenn der Zwang endet. Es wäre nicht sein Eigenes. Auch einem Menschen, der voller Bosheit steckt, werde ich niemals seine Bosheit einfach so wegnehmen.«

»Warum denn nicht? Der Kerl könnte doch morgen jemanden umbringen!«

»Wenn ich ihm wie durch Zauberkraft seine Bosheit, zu der er sich hingezogen fühlt, wegnähme, würde er aufhören, er selbst zu sein. Er liebt ja seine Bosheit. Was du liebst, ist dein Leben, auch wenn du es liebst, andere zu demütigen, zu beherrschen und zu quälen.«

»Ja, dann … dann fällt dir also die Liebe immer in den Arm, um dich zu hindern, mal richtig durchzugreifen?«

»Menschlich ausgedrückt. Aber ich will gar nicht durchgreifen, weil bei mir die Liebe über der Ordnung steht. Jedenfalls wollte ich sagen: Wenn wir Freunde werden, musst du dich nicht unbedingt unterdrückt fühlen durch meine Allmacht.«

Der Regen wird nicht schwächer, sondern stärker. Ich bleibe also stehen.

Immer noch prasselt es um mich herum, und aus einem

unsichtbaren Regenrohr sprudelt jetzt noch mehr Wasser auf die Straße und nimmt den bekannten Weg zum Gully. Diesmal schwimmen Zigarettenkippen im Regenwasser wie weiße Baumstämme auf einem Fluss in Kanada, wenn man auf einem Berg steht und ins Tal blickt.

Ich muss eine Pause machen. Diese Gespräche nehmen mich zu sehr mit. Meine Fantasie ist jetzt schon in Kanada gelandet. Es war mir auch fast wieder zu viel Stoff zum Nachdenken. Meine Überzeugung, dass Gott so allmächtig ist wie ein großer Zauberer, bröckelt von mir ab und löst sich im Regen auf. Gleichzeitig rückt er mir ein Stück näher, und meine Angst vor ihm wird geringer. Nicht schlecht für eine Freundschaft, denke ich.

Von links kommt ein Mann angelaufen, sieht mich und stellt sich auch unter mein Regendach.

»Hallo!«, sagt er.

»Hallo!«

»Der Regen hat mich voll erwischt«, meint der Fremde und deutet auf sein durchnässtes Sakko. »Wenn ich wenigstens eine Tasche gehabt hätte, dann hätte ich sie mir über den Kopf halten können.«

»Und was machen Sie jetzt?«, frage ich, um überhaupt etwas zu fragen und nicht so stumm dazustehen.

»Ich glaube, ich muss einfach warten, bis es nachlässt. Aber ein Taxi werde ich mir inzwischen schon mal bestellen.«

Er greift in seine feuchte Brusttasche, holt sein Handy heraus und tippt die Nummer ein. Anscheinend ist es nicht das erste Mal, dass er ein Taxi ruft, sonst wüsste er die Nummer nicht auswendig. Gut, wenn man genügend Kleingeld hat, um sich jederzeit ein Taxi …

»Wie heißt die Straße?«, fragt er mich.

»Güterbahnhofstraße und … Nelkenweg.«

»Ecke Güterbahnhofstraße/Nelkenweg«, ruft er in sein Telefon. Er stellt es wieder aus und sagt: »Danke!«

»Bitte.«

Vorsicht!, denke ich, das ist bestimmt ein Test. Dieser Mann ist mir bestimmt von Gott geschickt worden, damit ich Nächstenliebe trainiere. Ich mag den Kerl eigentlich nicht, aber jetzt soll ich wahrscheinlich meine Antipathie überwinden! Gott, mein so genannter Freund, schickt mir also schon Bewährungsproben. Ob das für eine Freundschaft gut ist?

»Und wo müssen Sie hin?«, fragt der Mann mit dem Handy.

»Ich? Ähm … bis zum Südrand. Industriegebiet.«

»Fahren Sie doch mit mir im Taxi mit, dann brauchen Sie nicht zu laufen. Das Geld ist das gleiche.«

Aha, denke ich. Schlauer Bursche. Er will, dass wir den Fahrpreis halbieren.

»Ich weiß nicht, ob ich das nötige Kleingeld dabeihabe«, schwindle ich, »und meine Karte wird wohl kaum im Taxi …«

Er winkt ab. »Ich zahle natürlich. Da vorne kommt es schon.«

Ich bin hin- und hergerissen und denke: Soll ich wirklich mit einsteigen? Aber was kann mir schon passieren? Und ich sollte ja nicht unhöflich sein. Liebe deinen Nächsten, auch wenn er ein Angeber ist. Wenn es ihm Spaß macht, mich einzuladen? Bitte!

Schließlich öffne ich die Wagentür und lasse mich mit einem leisen Gefühl von Behagen in das beheizte Auto fallen.

Als das Taxi dann an der Ecke hält, wo ich aussteigen

muss, bedanke ich mich und gehe auf das Haus zu, wo ein Gesprächstermin auf mich wartet.

Ich hoffe insgeheim, dass ich den Test bestanden habe und …

»Na, wie gefiel dir der Mann?«, fragt mich Gott.

»War eigentlich ganz nett«, sage ich vorsichtig.

»Er hat seinen Test bestanden«, meint Gott.

»Was für einen Test?«

»Du warst sein Nächster.«

Ich bin verblüfft. »Willst du damit sagen, dass es dabei gar nicht um mich ging?«

»Genau das. Du hattest in diesem Fall die Nebenrolle. Obwohl die kleine Schwindelei wirklich nicht nötig gewesen wäre. Aber ich habe mich gefreut, dass Karl-Heinz dich eingeladen hat.«

»Ach, das war Karl-Heinz? Einer deiner Freunde?«

»Richtig. Er ist auch auf dem Weg, Erfahrungen mit mir zu sammeln.«

»Heißt das, dass er an dich glaubt und … betet?«

»Ja, er geht in die katholische Kirche und beginnt zu begreifen, dass ich mit seinem Leben zu tun habe und nicht nur in einem kirchlichen Ritus aufgehe.«

Die Dinge mit Gott entwickeln sich immer anders, als man denkt, überlege ich und drücke auf die Klingel.

Drittes Gespräch

Nachmittags um halb vier. Ich bin unterwegs zur katholischen Kirche. Wahrscheinlich die von Karl-Heinz. Ich wollte sie mir immer schon mal ansehen. Und jetzt habe ich eine halbe Stunde Zeit, dann sind meine bestellten Kopien fertig, und ich kann sie abholen.

Die Kirche ist kein berühmtes Bauwerk. Neunzehntes Jahrhundert, imitierte Romanik mit ein paar neugotischen Motiven, also ziemlich jung. Aber die Kirche ist wenigstens offen.

Man muss schon ordentlich ziehen, denn die mit Messing beschlagene Tür hat ihr Gewicht. Ist wahrscheinlich nur für starke Christen gedacht oder für schwache Leute, die ihr Hilfspersonal dabeihaben. Eine neue Methode, um Bodybuilder in die Kirche zu kriegen?

Der Vorraum besticht durch seine Nüchternheit. Nur ein schwarzes, gusseisernes Gestell mit Kerzenhaltern und brennenden Kerzen lässt etwas Lebendiges aufflackern.

Ich gehe durch die Schwingtür, vorbei an der Weihwasserschale. Darf man eigentlich als Protestant seine Finger eintauchen und sich bekreuzigen?

In der Luft hängt noch ein Hauch Weihrauch von der letzten Messe, der sich mit dem dumpfen Geruch alter Gemäuer vermischt.

Es ist fast gemütlich hier drinnen, denn von der Seite fällt warmes Nachmittagslicht durch die farbigen Kirchenfenster auf die Steinplatten aus Buntsandstein und streift auch eine der Kreuzwegstationen an der rechten Wand. Dreischiffiges Kreuzgewölbe.

Ich gehe langsam zu den Fenstern und betrachte die Motive. Unverkennbar Adam und Eva, die unter einem stilisierten Baum stehen. Und wenn man genauer hinschaut, entdeckt man die Schlange. Kein Paradies ohne Schlange. Noah und die etwas zu klein geratene Arche folgen. Der Turmbau zu Babel … Das Alte Testament zieht an mir vorbei. Und mit den Bildern steigen wieder Fragen und Zweifel in mir auf gegen diese Freundschaft mit Gott. Sie lässt mich einfach nicht los. Bisher hat Gott mich jedenfalls noch nicht überzeugt. Ich gehe langsam an den Fenstern vorbei. Meine Schritte hallen nach in diesem leeren Raum. Eigentlich der ideale Platz, um meine göttlichen Gespräche fortzuführen.

»Vielleicht nervt es dich, Gott«, fange ich an, »aber so ganz bin ich noch nicht durch mit dieser Freundschaftsgeschichte und dass du angeblich ein Gott der Liebe sein sollst. Weißt du, das hört sich ganz gut an, aber ich kann es nicht glauben. Es spricht so vieles dagegen!«

»Also, was spricht denn nun noch dagegen?«, fragt mich Gott.

»Fangen wir mal bei der Bibel an, die ja doch in Anspruch nimmt, etwas über dich auszusagen …«

»Nur zu.«

»Direkt vor mir, auf diesen Kirchenfenstern, finde ich ein paar Szenen aus dem Alten Testament oder der Thora der Juden.« Ich stocke und frage mich: Wie unverschämt darf man eigentlich werden, wenn man sich mit Gott unterhält?

»Mir ist es lieber«, sagt Gott, »wenn du unverschämt bist, als wenn du dir deinen Teil denkst und mich abschiebst.«

»Na gut«, nicke ich. »Also Folgendes: Entweder ist im ersten Teil der Bibel von einem anderen Gott die Rede, oder irgendetwas stimmt da nicht. Ich lese von einem Gott, der Adam und Eva verflucht, weil sie eine harmlose Frucht gegessen haben. Wie kann man als Gott nur so kleinlich sein! Ich lese davon, dass er die Menschen straft, weil sie einen Turm bauen! Du liebe Zeit, in Frankfurt kämst du mit deinen Strafen kaum hinterher bei all den Hochhäusern und Türmen. Ich lese von einem Gott, der eine Sintflut kommen lässt, der Kriege anzettelt und der bei der Verkündigung der Gebote mit Strafen nur noch so um sich wirft. Bis ins dritte Glied soll der Fluch gehen. Dann werden die Ägypter umgebracht, ganze Völker abgeschlachtet. Blut, Zorn, Strafe wohin man blickt. Warst du das wirklich? Und wenn ja, weißt du, es fällt mir schwer, mit so jemandem eine Freundschaft zu beginnen. Ich … hätte ja dann ständig Angst, dass du, wenn du mal schlechte Laune hast, mir eine Querschnittslähmung schickst oder ... eine Zahnfleischentzündung reicht auch schon. Eines Tages erfülle ich vielleicht nicht deine Erwartungen, oder ich fahre schwarz im Bus und zack – brennt mein Haus ab, oder du befiehlst einem Hund, jeden Tag seinen Haufen vor meine Haustür zu setzen, nur um mich zu ärgern …«

»Weiter, nur weiter.«

»Findest du das nicht etwas frech?«

»Ich bin froh, wenn du deine Fragen stellst. Nur so kommen wir weiter.«

»Gut, dann stell ich sie mal weiter, wenn wir schon dabei sind. Selbst im Neuen Testament scheint dein Zorn noch nicht ganz verraucht zu sein: Ein nettes Pärchen, Ananias und Saphira, das wegen einer kleinen, harmlosen Lüge überführt wird, fällt gleich tot um, und wenn ich dann noch einen Blick in die Offenbarung werfe, wird es mir schon schlecht bei den vielen Strafen und Leiden, die diese furchtbaren Engel mit ihren Zornesschalen in deinem Auftrag angeblich auf die Erde schütten. Katastrophal! Also wirklich!

Weißt du, mir kommt es so vor, als ob du dich jetzt mir gegenüber verstellst. Früher hast du herumgetobt, deine Blitze geschleudert und bist im Blut gewatet. Und jetzt? Bist du vielleicht älter geworden, reifer? Ich komme da nicht ganz mit! Jedenfalls schrecke ich vor einer Freundschaft mit dir noch zurück. Ich weiß nicht, woran ich bei dir bin. Vielleicht lässt du mich auf der Autobahn umkommen, nur weil ich neulich bei Karl-Heinz gelogen oder den Langsamfahrer vor mir angebrüllt habe ...

Verstehst du? Das ist mein Problem, und wir sind ja noch gar nicht bei Auschwitz, den Kriegen, den Kinderschändern und den Erdbeben, bei denen Tausende …«

»Ganz ruhig. Eins nach dem andern. Bleiben wir doch mal bei den Kirchenfenstern, den biblischen Geschichten und den Vorstellungen, die darin über mich verbreitet werden. Einverstanden?«

»Einverstanden. Ich bin ganz Ohr.«

Inzwischen habe ich mich auf eine der harten Kirchenbänke gesetzt, die es sich zur Aufgabe gemacht haben, die Sitzenden nicht einschlafen zu lassen und die Rückenleidenden auf der Erde zu vermehren. Ich tue so, als ob ich bete, denn zwei Touristen oder Besucher laufen gerade den Mittelgang entlang. Obwohl, wenn ich mit Gott spreche, dann bete ich ja wirklich. Also, ich bin gespannt, wie Gott sich jetzt aus der Affäre zieht!

»Was du sagst, das hätten Gläubige vor 2000 Jahren anders gesehen.«

»Wie denn?«

»Sie fühlten sich sicher und stark, wenn ihr Gott Strafen verhängte. Sie fanden es einfach Klasse, dass ihre Feinde einen Kopf kürzer gemacht wurden. Das waren für sie eindeutige Verhältnisse. Und wenn du an deine Kindheit denkst, warst du sicher auch froh, wenn die böse Hexe im Märchen verbrannte, oder nicht?«

»Ja, schon, aber … aber das würde ja bedeuten, dass du dich damals auf grausame, nach Gewalt gierende Leute eingelassen hast, obwohl es deiner eigenen Überzeugung und der Liebe widersprach …«

»Ich handle sehr langfristig. Und um die Menschen zu erreichen und mit ihnen in Kontakt zu kommen …«

»Hast du dich auf die Ebene eines kriegerischen Nomadenvolkes begeben! Das gibt's doch nicht! Du hast dich bei ihnen eingeschleimt und deine Überzeugungen verraten!«

»Ich habe mich auf sie eingelassen und angefangen, in kleinen Schritten an ihrer Lebensauffassung zu arbeiten.«

Allmählich werde ich wütend, und ich komme bei diesem Dialog so richtig in Fahrt. Die Touristen sind zum Glück gegangen, und ich rede jetzt laut zu Gott:

»Kleine Schritte? Was heißt das? Nicht den ganzen Kopf ab, sondern nur die Nase und die Ohren? Sorry! Ich werde wieder unverschämt.«

»Kleine Schritte bedeuten, dass ich ihnen zum Beispiel befohlen habe: Überlasst die Rache mir. Hört auf mit eurer Blutrache und macht einen Schnitt. Verzichtet auf euren persönlichen Hass. Ich mache das für euch. Das war für viele eine echte Überwindung, wenn man das Messer, das man gerade zog, wieder zurückstecken sollte. Man kann die Menschen nicht gleich mit den höchsten Anforderungen zuschütten. Veränderungen brauchen Zeit.«

»Okay, das habe ich einigermaßen verstanden ... Aber, ich meine … wie soll ich es ausdrücken? Im Grunde hast du sie doch damit angelogen. Du gebärdest dich wie ein zorniger, grausamer Gott, der du eigentlich gar nicht bist. Das ist doch Irreführung hoch drei, oder nicht? Und wenn wir das Alte Testament aufschlagen, was sollen wir dann noch glauben? Was ist Wahrheit? Und du hast noch nichts zu dem lächerlichen Vorfall mit der verbotenen Frucht gesagt und dem Turmbau. Entschuldige, aber das ist doch einfach kleinkariert und unter deinem Niveau!«

»Meine Güte! Schrei doch nicht so! Gleich kommt der Küster angelaufen! Weißt du, es ist schwer, Leuten, die so gegenständlich denken, etwas zu vermitteln. Mir kommt es vor, als habe sich die Menschheit zurückentwickelt. Aber ich werde versuchen, es dir zu erklären. Du träumst doch hoffentlich ab und zu mal, oder?«

»Klar.« Ich merke, dass ich ruhiger werde. Und es tut gut, diesen ganzen biblischen Frust herauszulassen. Das ist, als ob man ein eitriges Geschwür öffnet und die ganze gelbe Soße ...

»Hallo! Bist du noch da?«, unterbricht Gott meine Gedanken.

»Ich war kurz woanders.«

»Also noch mal«, beginnt Gott. »Wir reden gerade von deinen Träumen. Und in den Träumen, da passieren solche seltsamen, scheinbar unlogischen Sachen. Zum Beispiel wird jemand furchtbar bestraft, weil er einen Apfel isst oder eine Feder raubt oder eine harmlose Rose abbricht.«

»Na und? Willst du behaupten, die Bibel sei ein großer Traum?«

»Nein, gar nicht. Aber manche Texte der Bibel benutzen dieselbe Sprache wie die Träume.«

»Eine Traumsprache?«

»Nein, eine Bildersprache. Du glaubst doch wohl nicht im Ernst, dass die gesamte Menschheit bestraft wird, nur weil vor urlanger Zeit irgendeine nackte Frau eine Frucht gegessen hat, oder?«

»Na ja, so steht es immerhin da.«

»Das ist eine Bildersprache, mein Lieber. Das Wort *Adam* ist hebräisch und bedeutet *Erde* oder *Menschheit.* Und Eva kommt von dem Wort *Leben.* Und diese erste Menschheit, die ursprünglich in Harmonie mit mir lebte, hat sich immer mehr von mir abgewandt. Das bedeutet das Essen der verbotenen Frucht. Und sie haben Strukturen hinterlassen, die die nachfolgenden Menschen in diesem gottlosen Zustand gehalten haben. So ähnlich musst du dir das vorstellen. Als diese Geschichten geschrieben wurden, kannten sich die Leute in dieser tiefsinnigen Bildersprache noch aus. Sie dachten und redeten in Bildern, wenn sie schwierige Sachverhalte ausdrücken wollten. Die ägyptischen Hieroglyphen sind noch ein Rest dieses alten Denkens.«

»He! Dann müssten ja die Tiefenpsychologen die biblischen Texte auslegen können.«

»Natürlich. Allmählich kommen selbst die Theologen dahinter, dass eine tiefere Bedeutung hinter diesen scheinbar einfachen Geschichten steckt. Die meisten Christen klammern sich immer noch wie Ertrinkende an den Buchstabensinn eines Bibelverses und fragen sich ängstlich: *Ist das denn nicht genau so passiert?* Sie wissen nicht, dass manchmal hinter jedem Wort eine solche Fülle von Bedeutungen steckt. Deshalb ist es gut, biblische Abschnitte laut zu lesen. In ihnen wirkt eine starke Kraft. Selbst wenn man nicht alles versteht.«

»Das hört sich ja fast magisch an: Hu, hu! Die verborgene Kraft in den Worten …«

»Am Anfang der Menschheit hatten die Worte tatsächlich eine enorme Gewalt. Sie haben sich abgeschliffen.«

»Also stecken in den biblischen Worten tiefere Bedeutungen?«

»Es gibt viele Bedeutungen, die kaum jemand ahnt. Würde man sie alle auflisten, käme man an kein Ende. Aber wer die Bildersprache der Träume erforscht, wird erstaunt sein, wie plastisch ihm manche Bibeltexte aufleuchten. Bei manchen Versen hat sogar die Krümmung der hebräischen Buchstaben eine tiefere Bedeutung, und kein Jota wird vergehen, bis sich alles erfüllt hat.«

»Wow! Dann ist ja die Bibel etwas ganz Besonderes.«

»Das will ich meinen.«

Ich blicke wieder auf die leuchtenden Kirchenfenster und merke, wie die Bilder von Adam und Eva mir etwas mitteilen möchten, aber ich kann es noch nicht in Worte fassen. Es ist so, als ob sie etwas in mir aufrühren, und die alte Geschichte kommt mir jetzt so vor, als ereigne sie sich in mir. Wohnt dann die Schlange vielleicht auch in meiner Seele?

»Übrigens«, fährt Gott ungerührt fort, »gibt es noch etwas anderes, das da in deine Missverständnisse mit der Bibel hineinspielt. Ich nenne es: eine scheinbare Wahrheit.«

»Ach was? Es gibt also scheinbare und unscheinbare Wahrheiten?«

»Sehr lustig!«, sagt Gott und schüttelt wahrscheinlich unsichtbar den Kopf. »Ich nehme mal ein Beispiel aus deinem Leben, wo du offensichtlich in scheinbaren Wahrheiten redest, obwohl du genau weißt, dass es völlig falsch ist, was du sagst. Aber du sagst es trotzdem, weil es dem Augenschein entspricht.«

»Da bin ich ja gespannt.«

»Ein neuer Tag ist angebrochen. Du stehst auf, blickst aus dem Fenster und sagst: *Ah! Die Sonne ist schon aufge-*

gangen! Das ist eine scheinbare Wahrheit. Denn du weißt genau, dass das nicht stimmt. Die Sonne bewegt sich nicht um die Erde, und sie geht auch nicht auf oder unter. Als gebildeter Mitteleuropäer weißt du, dass die Erde sich um sich selbst dreht und es nur scheinbar so aussieht, als ob die Sonne aufgeht und sich über den Horizont schiebt. Du hättest eigentlich sagen müssen: *Ah! Die Erde hat sich schon der Sonne entgegengedreht!* Das wäre die Wahrheit gewesen, aber du sagst eine offensichtliche Unwahrheit. Und die Leute um dich herum akzeptieren diese scheinbare Wahrheit.«

»Und was hat das nun mit der Bibel und unserer Freundschaft zu tun?«

»Ich bin dabei, auf deine Fragen von vorhin einzugehen. Jedenfalls, so ist es auch mit meinem Zorn und den so genannten Strafen. Menschen wenden sich von meiner Liebe ab, übertreten meine Gebote, verstricken sich in Sünde, und wenn es ihnen dann schlecht geht, sagen sie: Gott straft mich! Und wenn sie von mir reden, dann reden sie so, wie sie es verstehen. Die Götter ihrer Nachbarn verhängen harte Strafen, also wird es auch ihr Gott so machen. Er soll ja kein Schwächling sein und sich alles gefallen lassen. Alle Katastrophen empfinden sie in diesem Zustand als Strafe Gottes. Aber ich strafe sie nicht, ich leide mit ihnen, wenn sie einen falschen Weg gehen und die Konsequenzen ihrer eigenen Taten spüren. Konsequenzen müssen allerdings sein, sonst gibt es kein Vorwärtskommen.«

»Hm. Das bedeutet, dass man diese Stellen neu übersetzen müsste?«

»So ungefähr. Mein Diener Paulus hat das schon versucht und gesagt: Der Zorn Gottes bedeutet in Wirklichkeit, dass Gott die Menschen machen lässt und sie die Folgen ihres

Handelns spüren. Du kannst das im Römerbrief nachlesen. Glaub mir, ich verspüre nicht die geringste Lust und habe sie auch nie verspürt, irgendeinen Menschen zu bestrafen, der etwas Böses tut. Was soll das? Er hat es schon schwer genug, dass sein Leben so verpfuscht ist. Und da soll ich ihm noch extra eine Strafe verhängen? Das würden selbst normal empfindende Eltern bei ihren Kindern nicht tun. Und ich erst recht nicht. Man muss Grenzen setzen, das schon. Also, für unsere zukünftige Freundschaft bedeutet das: Du sollst mich zwar respektieren, aber nicht Angst vor mir haben. Zur Not schütze ich dich gegen dich selbst. Und wenn etwas wie Strafe aussieht, ist es eine hilfreiche Maßnahme der Erziehung.«

»Also stimmt es doch nicht so ganz mit dem lieben Gott …?«

»Liebe muss nicht immer weich und freundlich sein. Sie kann dem anderen auch eine Wahrheit zumuten, die nicht angenehm ist. Also, glaub mir, ich liebe dich durch und durch und würde dir niemals schaden. Vertrau mir. Das hält dich am Leben.«

»Hm. Das war ja hammerharte Theologie. Mir schwirrt noch der Kopf.«

»Dann lass ihn mal schwirren. Er wird sich schon wieder beruhigen.«

»Aber irgendwas war da noch, was mich an einer richtigen Freundschaft mit dir hindert … Was war das nur? Ach richtig: Du lässt Mörder frei herumlaufen, Kinderschänder gehen ungehindert ihrem Vergnügen nach, du lässt Auschwitz zu und …«

»Ach, du liebe Zeit«, sagt Gott (oder sein Übersetzer).

»Das ist ein längeres Thema. Außerdem solltest du deine Fotokopien abholen, bevor der Laden schließt.«

»Stimmt!«

Ich gehe auf den Ausgang zu, wieder vorbei an den Kerzen und werfe einen Euro in die Kasse. Dann suche ich mir eine weiße Kerze aus und stelle sie in den Halter zu den anderen.

»Und für wen soll die Kerze sein?«

»Das ist doch eine rein rhetorische Frage. Du weißt genau, für wen die Kerze ist.«

»Für Karl-Heinz?«

»Warum zwingst du mich etwas zu sagen, was du sowieso schon weißt?«

»Es ist gut, manche Dinge auszusprechen.«

»Gut. Es ist eine Freundschaftskerze.«

»Aha. Du gibst also nicht auf und hast die Hoffnung, dass noch etwas aus unserer Freundschaft wird?«

»So ist es«, sage ich. »Aber wie gesagt, die Fragen sind noch nicht zu Ende.«

»Ich weiß.«

Diesmal muss ich mich gegen die Tür stemmen, um sie aufzumachen. Draußen empfängt mich eine kräftige Sonne und angenehm warme Luft.

Viertes Gespräch

Mein Arbeitszimmer befindet sich im Keller. Es ist groß und wirkt hell. Sogar die Sonne fällt zu bestimmten Stunden durch die Fenster. Aber auch große Arbeitszimmer haben nur eine gewisse Kapazität. Deshalb bin ich gerade dabei, Bücher auszusortieren, um Platz für neue zu schaffen.

Wenn ich durch das Fenster nach draußen schaue, sieht es nach Herbst aus: grüngelbe Blätter auf den Gehwegplatten, und nebenan höre ich, wie die Heizung arbeitet. Es knackt und pocht, als ob irgendwo der Sommer eingesperrt ist und Klopfzeichen nach draußen sendet.

Während ich in meinem Zimmer hin und her gehe, die Bücherhaufen sortiere und nach einem Platz für sie im Regal schaue, bin ich gleichzeitig dabei, mein nächstes Gespräch mit Gott zu sortieren.

Ein paar alte Fragen kann ich inzwischen zur Seite legen, wie bestimmte Bücher, aber der Stapel an ungelösten Fragen wächst. Und das macht mich nicht gerade froh, denn ich bin nicht der Typ, der den Satz erfunden hat: *Fragen sind wichtiger als Antworten*. Ich persönlich finde Antworten auch ganz gut. Man kann nicht nur von guten Fragen leben.

Übrigens glaube ich, dass sich Gott jetzt in einer Zwickmühle befindet. Ich kann mir nicht vorstellen, wie er sich bei meinen nächsten Fragen glaubwürdig herauswinden kann. Ob das der Grund ist, warum er sich in letzter Zeit nicht gemeldet hat?

Beim Büchersortieren stoße ich auf meine Krimisammlung. Ich muss mich schon auf die Fußspitzen stellen, um sie unter die Lupe zu nehmen, denn die Bücher stehen ganz oben auf dem Kiefernholzregal aus meiner Ikeazeit. Fast zwanzig Maigret-Romane von Georges Simenon. Werde ich sie noch einmal lesen?

Ich glaube schon. Sie sind die ideale Ferienlektüre: entspannend, gut geschrieben, dichte Atmosphäre. Es geht eigentlich gar nicht so sehr um die Auflösung der Fälle, sondern ich bin als Leser mit Kommissar Maigret unterwegs in den engen Gassen eines Pariser Stadtteils oder bin bei ihm zu Hause, sehe, wie seine Frau im Morgenrock neben ihm frühstückt und liebevoll versucht, seine Männerwelt zu verstehen. Ich höre, wie Maigret nachher mit seinen jungen Inspektoren die Verdächtigen vernimmt, während ein Kellner aus der Brasserie von nebenan eine Platte belegter Brote vorbeibringt. Für den Kommissar und für den, der verhört wird. Also: Maigret bleibt.

»Ein Glück, dass es ein paar Verbrecher gibt, sonst könnte niemand Krimis schreiben«, meldet sich Gott plötzlich.

Aha, er ist also wieder da oder: wieder hörbar geworden.

»So? Du verteidigst also das Verbrechen und die Verbrecher?«

»Nein«, sagt er, »ich weise nur auf gewisse Zusammenhänge hin. Das eine geht nicht ohne das andere.«

Ich halte die Bilderbücher unserer Kinder in den Händen. Auch die *Raupe Nimmersatt* bleibt. Vielleicht gibt es irgendwann einmal Enkel? Ich sollte mich jetzt aber besser auf das Gespräch konzentrieren, denn die Fragen werden diesmal härter ausfallen.

Was wollte Gott eigentlich mit seiner Bemerkung sagen? Dass das Böse notwendig ist? Das kann nicht sein. Das Gute kommt auch zur Wirkung durch das weniger Gute. Nun, wir werden sehen.

Also sage ich: »Was mir und eigentlich den meisten Leuten auf den Nägeln brennt, ist das Unrecht und das Leiden hier und heute. Unschuldige werden zu Opfern. Tausende sterben bei Katastrophen, Terroranschlägen und Misshandlungen. Und du als der liebende Gott sitzt auf deinem Thron mit deinem riesigen Fernglas und schaust dir das Ganze seelenruhig an, ohne einzugreifen! Das kriegen die meisten nicht auf die Reihe!«

»Ich brauche kein Fernglas, und ich sitze auch nicht auf einem Thron herum und schaue gleichgültig zu …«

»Okay. Aber trotzdem, du unternimmst nichts und … und lässt alles weiterlaufen, damit irgendein Autor Krimis schreiben kann??«

»Tja, das Leiden und die Liebe Gottes! Das ist allerdings nichts Neues. Diese Spannung hat es doch schon immer gegeben. Nur heute bei eurer wahnsinnig schnellen Nachrichtenübermittlung bekommt ihr alle Unglücke ins Wohnzimmer geliefert. Schau dir nur den Stapel alter Zeitschriften an, eine Sammlung von Unglücksfällen rund um den Globus.«

»Ja, ich gebe zu, dass wir heutzutage mehr mitkriegen, aber damit ist die Frage ja nicht beantwortet.«

»Ich wollte nur klarstellen, dass es sich nicht um ein neues Phänomen handelt.«

»Stimmt. Es ist ein altes Problem. Aber was sagst du denn nun dazu? Oder muss ich noch unverschämter werden?«

Ich stelle die Kinderbücher wieder ins Regal und gehe auf dem Teppichboden auf und ab. Ein gerahmter Barockengel über der Sitzgruppe in der Ecke blickt mich mit seiner Laute lächelnd an, und zum ersten Mal kommt es mir vor, als ob er sich über mich lustig macht.

»Unverschämter werden«, wiederholt Gott meine Bemerkung. »Meine Güte, du bist ja richtig aufgedreht!«

»Und warum denn nicht? Aus diesem Grund wenden sich doch immer mehr Leute von dir ab und verlassen die Kirchen, weil sie nicht begreifen, wie du das ganze Elend zulassen kannst! Und genau das lässt mich selbst auch unsicher dir gegenüber werden. Wenn du behauptest, dass du mein Freund sein willst, dann muss ich ja offensichtlich damit rechnen, dass du auch bei mir alle Unglücke zulässt und nichts unternimmst. Gut, du schickst keine zusätzlichen Strafen, das hab ich jetzt kapiert, aber du tust nichts, wenn jemand zum Beispiel mein Haus anzünden will.«

»Du hast keine Ahnung, wovor ich dich schon alles bewahrt habe.«

»Das mag ja sein, vielen Dank, trotzdem habe ich kein Gefühl der Sicherheit, weil eben einfach zu viel Böses in dieser Welt passiert, und Christen sind offensichtlich davon nicht ausgenommen. Würde denn ein echter Freund nicht alles in Bewegung setzen, um mir ein Unglück zu ersparen?«

»Wer sagt dir denn, dass ich gegen das Elend der Welt nichts unternehme?«

»Wer mir das sagt? Ich lese die Zeitung, sehe die Nachrichten und habe offene Ohren. Und komm mir bloß nicht mit der Antwort: Leiden bringt Reife und Tiefgang ins Leben. Vielleicht in manchen Fällen, aber ich würde gerne wissen, welche Reifung Auschwitz für die vergasten Juden gebracht hat. Und die Täter konnten die Serienmorde wunderbar wegstecken und wurden auch nicht viel reifer. Abends saßen sie in trauter Runde bei Weib und Kind und spielten Mensch-ärgere-dich-nicht, nachdem sie tagsüber mal eben tausend Menschen bürokratisch umgebracht haben. Und du siehst das alles und unternimmst nichts. Das kommt mir schon fast zynisch vor! Ehrlich!«

Ich blicke aus der Froschperspektive nach draußen durch die schmalen Kellerfenster auf die Rabatte unserer Nachbarn, die durch den Herbst ausgedünnt sind. Nur die Lorbeersträucher sehen so frisch und grün wie immer aus.

»Was sollte ich denn unternehmen?«, fängt Gott wieder an. »Spielen wir das doch mal durch. Nach deiner Meinung hätte ich also jede neue KZ-Baustelle abfackeln müssen. Nach dem Programm: Feuer vom Himmel. Stimmt's?«

»Ja, das wäre doch schon mal ein Anfang.«

»Gut, die Konzentrationslager wären abgebrannt. Man hätte neue gebaut, denn durch das Vernichten der Konzentrationslager wäre das Problem des Hasses nicht verschwunden. Ich hätte die neuen auch wieder abbrennen lassen. Man hätte schließlich welche gebaut, die aus Beton bestehen. Mein Feuer hätte nichts mehr genützt, also hätte ich ein kleines Erdbeben kommen lassen müssen, um die feuerfeste Betonanlage zu zerstören. Leider wären dann auch ein paar Dörfer und Städte in der Umgebung vernichtet worden. Also hätte die Sache mit dem Erdbeben ausfallen müssen ...«

Ich halte gerade ein abgegriffenes Buch in der Hand und überlege, ob ich es wegsortieren soll. Ein alter, frommer Schinken: *Vom Geist ergriffen* heißt es. Aber … genau. Jetzt fällt mir das Richtige ein, denn es kommt mir schon wieder so vor, als ob Gott mich mit seinen Argumenten in die Enge treibt.

»Warum so kompliziert, Gott? Warum Feuer vom Himmel fallen lassen? Du hättest deinen Geist der Liebe auf die SS-Leute legen sollen, und plötzlich hätten sie bei dem nächsten Transport angefangen zu weinen, hätten die Juden umarmt und sie wieder nach Hause geschickt. So einfach ist das. Und wenn ich Gott wäre, dann wäre genau das mein Konzept gewesen!«

»… und im Hintergrund erklängen dann zarte Geigentöne, und der Kitsch wäre perfekt.«

»Ich nehme lieber ein bisschen Kitsch in Kauf und rette damit Millionen das Leben.«

»Bravo. Kennst du den Film *Bruce Allmächtig?* Ich sollte dir meine Regierungsgeschäfte übertragen. Aber leider ist es eben nicht so einfach, wie du dir das vorstellst.«

»Wieso?«

»Wenn möglich wäre, was du eben fantasiert hast – meinst du nicht, ich hätte das schon längst getan?«

»Was heißt: nicht möglich? Entweder bist du Gott und hast alle Gewalt im Himmel und auf Erden, oder deine Macht ist nur Fassade.«

»Meine Macht hat Grenzen. Das Thema hatten wir schon mal.«

»Dann musst du es mir noch mal erklären.«

»Sie hat Grenzen an der Freiheit der Menschen. Du musst dich als Gott entscheiden: Entweder du willst Menschen, die wirklich ernst zu nehmende Geschöpfe sind, die wirklich lieben können, und das bedeutet, dass sie wählen können zwischen Gut und Böse. Und wenn sie das Böse wählen, müssen sie es auch umsetzen können. Oder wir haben es hier mit Marionetten zu tun oder mit menschlichen Maschinen, die auf Knopfdruck reagieren.

Außerdem: Stell dir doch das nur mal ganz praktisch vor, wenn ich überall direkt eingreifen würde, bei all den Leuten, die etwas Böses planen: Die Welt wäre ein einziges Chaos voller gerechter Störmanöver: Dem Dieb würde der Koffer aus der Hand fallen, dem Mörder würde ein Blitz die Pistole aus der Hand schleudern. Ein normales Leben wäre nicht mehr möglich. Und trotzdem wird sehr viel Böses verhindert, ohne dass irgendjemand das mitbekommen hat. Und ich bemühe mich sogar, das Böse für das Gute zu nutzen, und lasse Krimimalromane entstehen, so dass der Autor und sein Verlag Geld damit verdienen können, was wiederum hilft, Familien zu ernähren. Wenn meine Engel nicht ständig dabei wären, das Schlimmste zu verhindern, so gut es eben geht, wäre dieser Planet schon längst ein finsterer Ort, eine Vorstufe zur Hölle. Die Freiheit der Wahl hat ihren Preis.«

»Aber, meine Güte, wie hoch ist der Preis? Unermessliches Leid Unschuldiger!«

»Leid wird nicht größer, wenn es massenweise auftritt. Das Leid eines einzigen Menschen ist schon genug Leid.«

»Na also. Was für ein Preis! Weißt du, in mir regt sich manchmal der leise Verdacht, dass deine ganze Schöpfung irgendwo einen ... einen Baufehler hat. Du musstest doch wissen, dass diese Menschheit eines Tages umkippt und dem Bösen applaudiert.«

Es tritt eine Pause ein. Gott sagt nichts, und ich hoffe insgeheim, dass ihn meine letzte Bemerkung zum Nachdenken gebracht hat. Aber nein, Gott kennt ja meine Argumente schon vorher.

Ich schaue mich weiter im Zimmer um und komme zu dem Regal mit Büchern, die ich nie richtig zuordnen konnte: jüdische Witze und ein koscheres Kochbuch. Ein Buch mit Rätseln und ein exotischer Biologe: Rupert Sheldrake mit seinen morphogenetischen Feldern. Ist das jetzt Theologie, andere Religionen, Unterhaltung oder Kultur?

»Du kommst bei dieser Frage nicht weiter«, fängt Gott wieder an, »wenn du wie ein Kaninchen auf die Schlange starrst und nur dein dreidimensionales Universum im Blick hast. Glaub mir, es gibt einen Ausgleich. Ich habe das Elend jedes einzelnen Menschen vor Augen und sein Glück. Das Leben auf der Erde ist nur der Anfang.«

Das darf nicht wahr sein, denke ich und sage laut: »Ah! Ich wusste, dass das kommt: die berühmte Vertröstung auf das Jenseits!«

Ich gehe zu einer bestimmten Stelle meines Regals, und da entdecke ich, was ich suche: einen etwas abgegriffenen Doppelband, den ich mir vor zwanzig Jahren antiquarisch zugelegt hatte: *Das Schönste kommt noch*. Von Fritz Rienecker. Letzte Worte von Sterbenden. Sehr passend!

Ich halte das Buch hoch, was natürlich Quatsch ist, denn Gott schwebt ja schließlich nicht in meinem Arbeitszimmer herum. Er ist im Raum, ohne im Raum zu sein.

»Hier haben wir's, Gott! Wunderbare Erlebnisse Sterbender. Das also soll der Ausgleich sein zu dem unermesslichen Leid, das jeden Tag passiert? Du kannst nicht das Leiden, das sich Tag und Nacht ereignet, mit ein paar netten Jenseitserlebnissen aufwiegen. Das ist unfair und … einfach nicht passend!«

Diesmal habe ich den Eindruck, dass die Stimme Gottes ernster und etwas strenger klingt, als er antwortet. Ich muss ihn diesmal wirklich getroffen haben.

»Plappere nicht einfach nach, was irgendwelche Leute einmal gesagt haben, die keine Ahnung von der ungeheuren Herrlichkeit und Freude haben, die im nächsten Leben auf euch warten. Ich sage dir: Jeder Einzelne, der hier durch großes Leid gegangen ist, wird es leicht vergessen können, angesichts eines Glücks, das alles in den Schatten stellt.«

»Tja, Gott, was soll ich dazu sagen? Auf dieser Ebene kann ich nicht mithalten. Mir fehlt dazu schlicht die Erfahrung! Ich kann die Toten leider nicht interviewen und sie fragen: He, Leute! Wie beurteilt ihr jetzt, was ihr damals auf der Erde durchgemacht habt? Das war doch nur eine lächerliche Lappalie, oder?«

»Weißt du, lass es so stehen und vertrau mir schlicht, dass mir die Welt nicht entglitten ist.«

»Gut, lassen wir's erst einmal so stehen.«

Was soll's? Mit diesen Argumenten kann man nicht richtig arbeiten.

Im Augenblick fällt mir nichts ein, und auf der anderen Seite ist es auch still. Ich sortiere weiter meine Bücher. Der Stapel von Büchern, die zu Altpapier werden, wächst. Alte Schulbücher muss man nicht aufheben, und die Zeitschriften werde ich wohl nie mehr durchblättern. Und wozu sind alte Reiseführer gut? Weg damit! Ein bisschen ärgere ich mich, dass Gott mir schon wieder entgleitet. Man kann ihn einfach nicht so richtig in Verlegenheit bringen. Es ist zum Verrücktwerden!

Die ungeheure Herrlichkeit! Was kann man dagegenhalten? Für meine ursprüngliche Frage könnte es allerdings bedeuten, dass das Leiden in der Welt kein Hinderungsgrund mehr wäre, eine Freundschaft mit Gott zu beginnen. Es ist irgendwie deprimierend und zugleich hoffnungsvoll. Ich weiß, es klingt schräg. Aber so ist es nun mal.

Schließlich ringe ich mich noch zu einer Bemerkung durch: »Wenn ich das alles auf mich wirken lasse, dann müsste ich ja nach diesem Gespräch anfangen, dir grenzenlos zu vertrauen, weil du in jedem Augenblick das Beste für mich willst. Keine Rachegelüste, keine zusätzlichen Strafen, du stehst auf der Seite derjenigen, die leiden, du respektierst den freien Willen, auch wenn er böse ist …«

»Richtig. Du könntest mir wirklich vertrauen.«

»Irgendetwas blockiert mich aber immer noch.«

»Ich habe Zeit.«

Fünftes Gespräch

Seit ein paar Wochen scheue ich die Gespräche mit Gott eher. Ich bin an einem Punkt angekommen, an dem es gefährlich wird. Wenn er mich überzeugt, dann bedeutet das ein ziemlich intensives Verhältnis zu ihm. Und wer weiß, was sich dann noch alles in meinem Leben ändert? Wenn Gott wirklich mein Freund ist, gibt es dann überhaupt noch ein Privatleben für mich? Werde ich ihn dann wieder los, wenn es mir zu dicht wird?

Zum Glück drängt sich Gott nicht auf. Wenn er spürt, dass man nichts von ihm will, klingelt er nicht an der Tür und schiebt auch nicht seinen Fuß in den Türspalt.

Die nächste Gelegenheit zu einem Gespräch kommt ein paar Wochen später. Meine Frau und ich haben uns ein paar Tage Urlaub freigeschaufelt, die wir in den Bergen verbringen.

An einem klaren, sonnigen Septembertag bin ich allein unterwegs. Meine Frau verbringt zu gleicher Zeit einen Großstadttag mit ihrer süddeutschen Freundin.

Es ist für mich immer überwältigend, in die Bergwelt einzutauchen. Keine Ahnung, woran das liegt. Vielleicht hält sich etwas Unerklärliches zwischen den Bergen auf, wie eine starke Musik, von der man ab und zu ein paar Fetzen erlauscht?

Ich habe mir im Lauf der Jahre einen langsamen, bedächtigen Schritt angewöhnt, um die Atmosphäre durch meine Hetze nicht zu zerstören und auch länger durchzuhalten. Ich weiß noch sehr gut, wie ich mit sechzehn am Königssee im Dauerlauf den Berg bestiegen habe. Nach einer halben Stunde hing mir die Zunge am Kinn, und die letzte Strecke war nur noch eine Quälerei, die bei einem Radlermaß allerdings ein gutes Ende fand.

Heute bin ich mit dem Lift auf die erste Station gefahren, um schneller in den Bergen zu sein, gehe jetzt über Almwiesen an Trampelpfaden entlang und genieße das Panorama dieser ewigen Riesen mit ihren weißen Spitzen.

Ab und zu leuchten blaue Enziane im Wiesengrün auf, aber ein Edelweiß, das normalerweise in der Nähe von Steinen und Moos wächst, habe ich noch nicht gesehen. Was allerdings unübersehbar ist, sind die kleinen Knödel zwischen den Steinen und Gräsern von irgendwelchen Schafen oder Ziegen.

Nach zwei Stunden habe ich Hunger und Durst, entdecke neben einem Wegkreuz eine Bank und lasse mich darauf nieder. Es gibt nichts Besseres, als jetzt einen Schluck Zitronentee zu trinken und ein Schinkenbrot zu essen.

Neben mir steht ein echt bayerisches Wegkreuz: ein überdachtes Kruzifix, das schon manches Wetter überstanden hat. Das Holz ist im Lauf der Jahre grau und rissig geworden.

Während ich den hölzernen Christus am Kreuz betrachte, der seinen Kopf ergeben zur Seite neigt, gehen Gedanken durch meinen Kopf, die, je länger ich sie zulasse, immer bitterer und heftiger werden und eigentlich gar nicht zu der feierlichen Bergwelt-Stimmung passen. Ich spüre, dass jetzt ein weiteres Gespräch dran ist, und diesmal geht es an die Substanz. Mir ist es jetzt egal, ob Gott antwortet. Ich fange einfach an. Niemand ist in meiner Nähe, so dass ich laut reden kann.

»Wie konnte ich das vergessen, Gott! Der absolute Hammer, den du hinter deinem Rücken versteckst und der es mir unmöglich macht, eine echte Freundschaft zu beginnen, das ist ja dieses bluttriefende Drama auf Golgatha. Zuerst fand ich dieses Wegkreuz neben mir ja ganz passend und zur Landschaft gehörig. Aber je länger ich es betrachte, desto dunkler wird es. Du lässt deinen eigenen Sohn abschlachten und foltern, um deinen Zorn zu stillen. Stellvertretend für uns soll er am Kreuz verbluten. *Christi Blut für dich vergossen …* Eine seltsame Liebe, muss ich schon sagen. Für die meisten meiner Zeitgenossen und für mich nicht mehr akzeptabel und ziemlich abstoßend. Mit so einem Gott, der seinen besten Freund und Sohn auf die Folterbank bittet, will ich nichts zu tun haben. Und die Geschichte steht ja nun ziemlich deutlich in der Bibel. Das kannst du nicht wegdiskutieren!«

»Ich dachte, wir hätten das schon vor einiger Zeit geklärt.«

»Wieso?«

»Ich hab doch versucht, dir klar zu machen, dass du Vater und Sohn nicht so stark trennen darfst. Es gibt nicht drei Götter im Himmel. Es gibt nur einen Gott, der sich als Mensch gezeigt hat und der seinen Geist sendet.«

»Nein, nein! Die Sache mit dem Opferkult auf Golgatha steht in der Bibel.«

»Natürlich. Aber du vergisst, dass das eine unter vielen Erklärungen ist, das Drama auf Golgatha zu begreifen. Bis heute gibt es Menschen, die in dieser Opferkultur leben und Tierblut opfern, um ihre Schuld zu sühnen. Sie brauchen diese Vorstellung. Sie sind erleichtert, wenn sie lesen, dass keine Tieropfer mehr nötig sind, sondern Gottes Sohn sich ein für alle Mal geopfert hat. Eine Befreiung für sie. Die Menschen sind unterschiedlich gestrickt.«

»Du meinst, dass es noch andere … sagen wir mal Erklärungsmodelle gibt?«

»Ja. Denn das ist nur eine grobe, fast verzerrte Erklärung, aber sie war und ist notwendig für Leute, die im Opferkult zu Hause sind. Für Leute wie dich gibt es das Johannesevangelium. Dort werden Kreuz und Auferstehung ganz anders gedeutet.«

»Aha. Und wie?«

»Meine Weisheit, mein Wort, meine euch zugewandte Seite wird zu einem Menschen aus Fleisch und Blut. Und er, der sichtbare Gott auf Erden, lebt ein ganzes Menschenleben durch und liebt es zu mir zurück, verherrlicht es, verschmilzt es sozusagen mit meinem Herzen. Alles Leid, alle Freude, die Menschen erlebt haben, ja selbst die Gottverlassenheit und der Tod gehen in mich ein und berühren mich. So ist eine neue Verbindung zwischen den Menschen und mir entstanden, eine neue Brücke über dem Abgrund. Seit ich auf der Erde war, gibt es eine neue Beziehung der Menschen zu mir. Eine Tür ist aufgestoßen worden, die niemand mehr zumachen kann. Ein Freiraum ist entstanden, in dem gelebt werden kann. Seitdem ist es für einen Menschen möglich, mich zu lieben, andere zu lieben und sich selbst zu lieben. Endlich ist die Sünde, das große Urmisstrauen, überwunden …«

»Halt, halt! Das klingt ja ganz plausibel. Aber, meine Güte, warum dieser grausame Tod am Kreuz? War das nötig?«

»Der Tod am Kreuz war nur die letzte Station auf dem Weg der Verherrlichung. Wenn ich ein ganzes Menschsein durchlebe und durchleide, darf ich Folter und Tod nicht aussparen. Und das ist meine persönliche Antwort auf unser letztes Gespräch in deinem Arbeitszimmer. Ich bin nicht ein

Gott, der sich vom Leid anderer distanziert. Ich habe selbst alles durchlitten.«

»Wieso du? Mit wem spreche ich hier eigentlich?«

»Mit mir und meinem Übersetzer.«

»Ja schon. Aber wer bist du nun? Der Vater oder der Sohn?«

»Du solltest das nicht so scharf trennen. Christus ist meine sichtbare, fassbare Seite. Ein Mensch kann mich niemals sehen. Wer mich sieht, müsste sterben, weil meine Dimensionen dein Fassungsvermögen sprengen.«

»Wie bitte? Nehmen wir mal an, ich sterbe und komme in den Himmel, dann werde ich nicht euch drei vor mir auf drei Thronen sitzen sehen?«

»Wie gesagt, es gibt nur einen Gott. Das ist die fundamentale Wahrheit, die in der jüdischen Thora, eurem Alten Testament, gelehrt wird. Und das hat sich nicht überholt! Du wirst mich niemals sehen können außer in der Gestalt des Christus. Er ist das Bild des unsichtbaren Gottes. Wer ihn sieht, der sieht den Vater.«

»Das hört sich nach einem Zitat an.«

»Das ist Paulus und Johannes. Und das bedeutet: Als Jesus am Kreuz hing, habe ich seine Schmerzen gespürt und seine innere Zerrissenheit und Gottlosigkeit erlebt wie eine … sagen wir Bewusstseinsspaltung. Also: kein Blutopfer, um den zornigen Gott milder zu stimmen. Das ist nur ein kleines, grobes Verstehensmuster für Leute, die damit etwas anfangen können. Aber leider hat es sich im christlichen Abendland wie ein übermächtiges Dogma verbreitet.«

Ich bin geplättet und esse stumm mein Brot auf. Hinter mir pfeift jemand. Ich drehe mich um, kann aber niemanden entdecken. Da – schon wieder! Ob das vielleicht … Ja, das müssen Murmeltiere sein. Ich habe von einem Bekannten gehört, dass sie ganz laut pfeifen können. Unbeweglich bleibe ich sitzen und lasse meine Augen umherschweifen. Tatsächlich, da hinten steht einer dieser pelzigen Burschen auf zwei Beinen und pfeift. Es sieht irgendwie drollig aus.

Doch da fällt mir noch etwas anderes ein oder auf: »Wenn es nur darum ging, dass du ein gesamtes Menschenleben durchlebst, dann wäre die Auferstehung gar nicht nötig gewesen.«

»Die Auferstehung ist die Bestätigung, dass dieser Tod nicht der übliche Märtyrertod war. Man kann den lebendigen Gott nicht im Tod lassen. Solch ein zu Gott gelebtes Leben kann nicht im Tod bleiben. Das ist unmöglich.«

»Hm. Und warum habe ich das nicht schon früher erkannt?«

»Weil du mit dieser blutigen Opfervorstellung durch die Gegend gerannt bist und gedacht hast: Das ist also der christliche Glaube. Es gibt aber auch noch andere Deutungen von Golgatha.«

»Was?«

»Ja. Die Menschwerdung Gottes, Kreuz und Auferstehung, all das ist ein Ereignis, das nicht ausgeschöpft werden kann. Nur so viel: Der Tod am Kreuz ist mein letzter Liebesbeweis an die Menschheit, damit sie sehen: Meine Liebe besteht nicht aus bloßen Worten. Meine Liebe hat mich Schmerzen und Leid gekostet. Also, vertrau mir doch endlich! Was soll ich denn noch anstellen, damit du das Angebot meiner Freundschaft akzeptieren kannst?«

Die letzten Worte haben mich nicht kalt gelassen. Plötzlich sind wir wieder bei unserem alten Thema gelandet, aber nicht als Theorie. Ich spüre, wie Gott um meine Freundschaft kämpft. Das ist ein Gefühl, das ich bisher nicht kannte. Es ist ja fast wie eine Liebesgeschichte. Ich bin beschämt. Dann stehe ich auf, packe meine Sachen zusammen, werfe noch einen letzten Blick auf das Kruzifix und gehe weiter.

»Du brauchst nicht beschämt zu sein«, fängt Gott wieder an. »Ich glaube dir ja, dass es nicht einfach ist, sich von alten Bildern zu trennen und neu mit mir anzufangen.«

Meine Zeit, neu anzufangen! Genau darauf läuft es wahrscheinlich hinaus. Das habe ich geahnt, und davor habe ich Angst gehabt.

»Pause«, flüstere ich.

Sechstes Gespräch

Es ist gut, dass der Weg ansteigt, dass er über Kletterpfade führt, bei denen man sich an einem Drahtseil festhalten kann. Es ist nicht wirklich gefährlich, aber es lenkt ab. Die Nachmittagssonne bringt das Grün der Wiesen und das rote Dach einer Berghütte zum Leuchten.

Schließlich sage ich nach einer Stunde, als der Weg über eine mit Moos bewachsene Steinlandschaft geht: »Tja, du hast mir nun alle Argumente genommen, und ich habe den Eindruck, dass mir fast nichts anderes übrig bleibt, als eine Freundschaft mit dir anzufangen, die ….«

»Entschuldige«, sagt Gott, »aber das ist doch Quatsch. Keiner wird dazu gezwungen. Die Erde ist voll mit Leuten, die meine Freundschaft nicht wollen. Ich wollte dir doch nur sagen, dass einer Freundschaft mit uns nichts mehr im Weg steht.«

»Okay. Aber … ich meine, wie sieht das jetzt praktisch

aus? Wie geht das los? Gibt es Trompetenklänge und Harfe?«

»Du musst einfach nur Ja dazu sagen, dann geht es los.«

»Halt, halt! Wie sieht dann mein Alltag aus, wenn Gott mein Freund ist? Womöglich muss ich dann furchtbar fromm sein, zehnmal am Tag beten und meinen Heiligenschein polieren ... Davor habe ich nämlich Angst. So ein überfrommes Leben und so. Das will ich nicht.«

»Du hast doch sicher irgendwo einen Freund?«

»Ja, natürlich, aber lenk jetzt nicht ab.«

»Ich lenke darauf zu.«

»Aha. Gut. Also, was ist mit meinem Freund?«

»Wenn dein Freund ein Hobby hätte, sagen wir mal, er ist ein leidenschaftlicher Tiefseetaucher. Und nun ist es aber so, dass du selbst furchtbar wasserscheu bist und Tiefseetauchen wirklich das Letzte wäre, was du machen würdest ...«

»Na und?«

»Kannst du dir im Ernst vorstellen, dass dein Freund von dir verlangt, dass du einen Taucherkurs belegst?«

»Nein, kann ich nicht. Ich weiß schon, worauf du hinauswillst. Du willst sagen, dass ein echter Freund doch nicht etwas verlangt, was man gar nicht machen will. Aber genau da sitzt der Haken. Denn wenn mein Freund ein Gott wäre und ...«

»Ein Gott???«

»Wenn mein Freund Gott wäre, dann sieht er womöglich, dass tief in meinem Inneren die Sehnsucht nach der Tiefsee schlummert, und deshalb wird er mich dann doch überreden und quälen, weil es mir letztlich doch gut tut. Was sagst du dazu?«

»Das mag sein. Und tatsächlich sehe ich deine unentdeckten Begabungen ganz deutlich. Trotzdem, ich werde nicht sagen: *He!, melde dich morgen zu einem Taucherkurs an. Das ist ein göttlicher Befehl. Wehe, wenn du es nicht tust. Ich habe schließlich den Überblick!* Ich werde das ganz vorsichtig tun, und wenn ich sehe, dass deine Barrieren zu hoch sind, lasse ich es. Wenn du mein Freund bist, dann kannst du auch Nein sagen zu dem, was ich dich frage. Das muss eine Freundschaft aushalten.«

»Du bist also nicht sauer, wenn ich nicht gleich morgen der perfekte Christ bin?«

»Bist du verrückt? Hältst du mich für so dumm? Ich habe schließlich die Pädagogik erfunden. Außerdem – das hatten wir früher schon mal besprochen – hat nur das langfristig Sinn, was du freiwillig tust, ohne Zwang. Freiwilligkeit ist der Schlüssel.«

»Gut. Das hört sich positiv an. Und ich merke, wie meine Bedenken allmählich schwinden. Fast bin ich so weit. Gibt es irgendwelche Anfangsrituale?«

»Na ja, die Taufe zum Beispiel, aber du bist ja schon getauft. Oder das Abendmahl wäre eine ständige Erinnerung an unsere Freundschaft. Aber, wie gesagt, es genügt, wenn du einfach nur – ganz freiwillig – Ja sagst.«

»Wie bei einer Hochzeit, was?«

»Ja, so ähnlich. Und wie bei einer Partnerschaft lernt man sich erst im Laufe der Zeit richtig kennen.«

»Und wie sieht es aus, wenn man die Schnauze voll hat? Kann man aussteigen? Sich von dir scheiden lassen?«

»Ja. Das kann man. Das ist aber ein sehr ernster Schritt. Ich gehe davon aus, dass es dann keine echte Freundschaft war. Wenn du dich von mir lossagst, nachdem du sehr eng mit mir verbunden warst, wirst du es sehr schwer haben, wieder zu mir zurückzufinden.«

»Aha. So eine Art Fluch?«

»Nein. Du wirst dich ohne mich zu einem handfesten Egoisten entwickeln. Das gesamte Leben wirst du nur unter einem Blickwinkel sehen: Was nützt es mir? So etwas wie Hingabe, selbstlose Liebe, Unbefangenheit, Naivität wird es dann nicht mehr für dich geben. Du kannst dann kaum noch das Steuer herumreißen. Du wirst dazu keine Kraft und keinen Willen haben, weil du diese neue Gottlosigkeit, dieses Leben ohne Liebe, diese eisige Kälte liebst.«

»Halt, halt! Das stimmt nicht! Ich kenne viele Nichtchristen, die keine Egoisten sind und sich sehr liebevoll und total nett verhalten!«

»Sie haben sich nicht ausdrücklich von mir losgesagt. Und solange sie das nicht tun, durchströmt sie meine Liebe und macht ihr Leben lebenswert. Sie leben in meiner Nähe, ohne es zu wissen.«

»Okay, wenn ich mich also radikal von dir lossage, lande ich dann wahrscheinlich in der Hölle?«

»Mit ziemlich großer Wahrscheinlichkeit. Denn du willst ja dann mit mir nichts mehr zu tun haben. Die Hölle ist die Abwesenheit Gottes und die Abwesenheit der Liebe.«

»Aha, also doch ein massiver Druck, diese Freundschaft zu beginnen?«

»Nein. Es gibt Leute, die die Hölle lieben: den Hass, die Herrschsucht, den Betrug, die Perversion. Sie fühlen sich im Dreck wohl und würden das Licht des Himmels nicht aushalten.«

»Wie bitte? Sie fühlen sich in der Hölle wohl? Das kann ja wohl nicht wahr sein!«

»Sie quälen sich gegenseitig, betrügen und verletzen sich, machen sich das Leben zur Hölle, aber sie lechzen danach wie Leute, die Drogen nehmen, sich dabei wohl fühlen, solange die Droge wirkt, und doch wissen, dass sie sich dabei zerstören. Es ist ein Leben auf der Minimalstufe, ein inneres Verbrennen, von dem ich dir dringend abraten möchte. Aber du kannst dieses Leben wählen, wenn es das ist, wonach du dich sehnst. Die Hölle ist eine Entscheidung und kein Schicksal.«

»Hm. Ehrlich gesagt, zieht es mich nicht zu diesem Leben auf der Minimalstufe. Bisher liebe ich die Offenheit, die gegenseitige Zuneigung oder das Helfen, bisher reizt es mich, mit dir zu reden wie mit einem Freund … Übrigens: toll dieses Panorama hier oben. Starke Gestaltungskraft!«

»Danke!«

»Also, wenn ich das nun alles so bedenke, dann bist du ein Gott, der den Menschen einen ungeheuer großen Spielraum lässt und sehr großzügig ist.«

»Ja, das kann man so sagen.«

Ich stehe auf einem Felsvorsprung und überblicke die gezackte Bergwelt. Schließlich sage ich: »Gut, ich … habe es mir überlegt und sage Ja zu dieser etwas ungewöhnlichen Freundschaft. Es ist … Ich freue mich einerseits, bin aber auch ein bisschen aufgeregt. Ein gewisses Risiko! Denn womöglich könnte es passieren, dass du … dass du …«

»Dass ich dir in dein Leben reinrede?«

»Ja.«

»So ähnlich wie ein guter Freund es auch nicht mit ansehen kann, wenn du in dein Unglück rennst, und sich bei dir meldet. Das ist doch selbstverständlich.«

»Gut, wenn du es so siehst. Also, die Freundschaft beginnt. Mal sehen, wie sich das entwickelt.«

Schweigend gehe ich den Rundweg weiter. Bis zur Seilbahnstation ist es nicht mehr weit.

»Hallo! Bist du noch empfangsbereit?«, fragt Gott nach einer Weile.

»Ja.«

»Da vorne, an der Biegung wachsen hinter einem Stein ein paar Edelweiße. Pflück dir eins zur Erinnerung an deine denkwürdige Entscheidung.«

»Aber die stehen doch unter Naturschutz.«

»Meine Güte. Ich bin der Schöpfer.«

»Aha. Wenn das jemand entdeckt, soll ich dann einfach sagen: Gott hat mir die Erlaubnis gegeben?«

»Sie werden dir nicht glauben.«

»Genau.«

»Das ist ein wichtiger Tag. Man braucht Gedächtnishilfen. Es gibt eben Ausnahmen. Und schließlich ist unsere Freundschaft ein Edelweiß wert.«

Als ich die Biegung erreiche und hinter den großen Stein sehe, steht dort tatsächlich ein ganzes Bündel dieser seltenen Pflanzen. Vorsichtig blicke ich mich um und nehme ein Edelweiß mit, das ich sorgsam in einer Seitentasche meines Rucksacks verstaue. Ich kann es kaum fassen, dass Gott mich eben überredet hat, ein Gesetz zu übertreten. Aber was soll man machen. Er ist der Schöpfer.

Acht-Uhr-Bus

Der Wecker hat aus irgendeinem Grund nicht geklingelt, und ich habe nur eine Katzenwäsche durchgeführt, den Kaffee hinuntergestürzt und bin jetzt auf dem Weg zum Bus. Diesmal geht meine Uhr nicht nach, und ich steige in den Acht-Uhr-Bus ein.

Er ist voll. Aber ganz hinten entdecke ich noch einen Sitzplatz, den keiner haben will.

Ich schiebe mich an Mänteln, Jacken und Mützen vorbei, murmele eine Entschuldigung und lasse mich auf das Polster fallen. Jetzt erst merke ich, dass auf dem Boden vor mir eine Colapfütze glitzert. Deshalb war der Sitz also noch frei. Und natürlich bin ich mit dem rechten Schuh hineingetreten. Das wird nachher auf dem Flur schön kleben.

Aber es ist mir egal. So richtig wach bin ich nicht. Mein Gott, bin ich müde, denke ich. Ich könnte jetzt sofort wieder einschlafen.

»Das brauchst du mir nicht zu sagen, das sehe ich schon selbst«, höre ich die bekannte Stimme, und ich muss meine Antworten in meine Gedanken verlegen.

»Ich hätte es mir denken können, dass du wieder da bist. Wie ging das noch? Du bist im Bus, ohne im Bus zu sein?«

»Genau. Jedenfalls hast du mich eben gerufen.«

»Ja, stimmt. Ich bin ziemlich müde, und da sagt man das eben so. Ist mir natürlich klar, dass du als Gott alles siehst, auch meine Müdigkeit. Wie heißt es doch gleich in diesem Psalm: Ob ich sitze oder stehe ... und so weiter.«

»Psalm 139.«

»Genau.«

»Und … als dein neuer Freund frage ich dich mal: Warum schläfst du nicht, wenn du müde bist?«

»Ich habe Angst, meine Haltestelle zu verpennen.«

»Du scheinst vor vielen Dingen Angst zu haben.«

»Na ja, ist doch klar. Du siehst ja selbst, was die Menschen aus deiner Welt gemacht haben. Da kann man schon Angst kriegen.«

»Ach, und du selbst verbreitest keine Angst?«

»Ich?«

»Ja, du!«

»Nein, ich wüsste nicht, wer vor mir Angst haben sollte.«

»Und wie ist es mit deinen Kollegen, die sich nicht trauen, dich anzusprechen, wenn du schlechte Laune hast?«

»Na hör mal, Gott, das kann man doch nicht als Angst ... Na ja, vielleicht doch.«

»Schieb die Schuld nicht immer auf andere. Das tut dir nicht gut.«

»Aber, Augenblick mal, es heißt doch irgendwo in der Bibel: *In der Welt habt ihr Angst* ... da ist es doch logisch, dass ich auch Angst habe!«

»Natürlich, das weiß ich.«

»Also ...«

»Du bist gar nicht so hilflos, wie du denkst. Nenne deine Angst beim Namen, dann lernst du, besser mit ihr umzugehen.«

»Okay. Aber was soll das alles? Sind wir hier in der Schule? Ich steige völlig übermüdet in diesen Bus und bekomme gleich eine Lektion über Angst verpasst. Ich bin immer noch müde und …«

»Deine Ängste haben auch etwas mit deiner Müdigkeit und Kraftlosigkeit zu tun.«

»So?«

»Ja. Sie verbrauchen eine Menge Energie.«

»Gut. Leuchtet mir halbwegs ein.«

Irgendwie macht mich dieses Gespräch leicht ärgerlich. Da werde ich also schon morgens mit Vorschlägen über meine Lebensführung bombardiert. Ist das die Freundschaft, von der wir geredet haben?

Vor mir zischt die Tür, und aus der Dunkelheit quellen ein paar Schüler in den Bus und erzählen sich die neuesten Witze.

»Ähm … Sag mal, Gott ... du sagst da eine Menge schlauer Dinge zu mir. Aber ich habe das Gefühl, dass es dir selbst ganz gut geht und dass du eigentlich meine Ängste und meine Müdigkeit sowieso nicht verstehen kannst. Hast du schon einmal in einer Prüfung gesessen und plötzlich gemerkt, dass alles, was du gelernt hast, weg war und dass dir der Angstschweiß langsam den Rücken hinunterrinnt?«

»Und was war bei der Bootsfahrt?«

»Welcher Bootsfahrt?«

»Ich zitiere mal: *Das Boot füllte sich schon mit Wasser, aber Jesus schlief im Heck des Bootes auf einem Kissen* ... Er muss wohl ziemlich müde gewesen sein, um bei so einem Wetter zu schlafen, meinst du nicht? Oder eine andere Stelle: *In seiner Todesangst betete Jesus noch angespannter, und sein Schweiß tropfte wie Blut auf den Boden.*

»Okay. Das ist Jesus. Der hat schon einiges ausgehalten, das gebe ich ja zu. Aber du selbst ...?«

»Hallo, mein Freund, hast du vergessen, dass Gott Mensch wurde und …«

»Ach so, ja. Stimmt. Du hast das ja dann selbst miterlebt.«

»Also erzähl mir nicht, ich würde mich in Sachen Müdigkeit und Angst nicht auskennen! Es gibt nur …«

»… einen Gott.«

»Genau.«

»Also, ich muss schon sagen, inzwischen bin ich hellwach geworden.«

»Freut mich. Aber eine Sache solltest du unbedingt noch wissen.«

»Muss das jetzt sein?«

»Ja.«

»Nein! Lass mich bitte ein paar Augenblicke in Ruhe, Gott. Ich muss dieses Gespräch erst einmal verkraften, bin müde und um diese Zeit nur begrenzt aufnahmefähig.«

»Wie du willst. Du weißt ja inzwischen: Ich dränge mich nicht auf.«

Allmählich wird es draußen heller. Schaufenster ziehen an mir vorbei, und ein paar gut gekleidete Frauen in unbeweglicher Pose blicken mit ihren Plastikaugen ins Leere.

»So, jetzt bin ich wieder bereit zuzuhören«, sage ich oder denke ich. Hier im Bus kann ich ja nicht laut sprechen.

»Ich wollte dir nur sagen, du hättest vor drei Minuten aussteigen müssen.«

Wie elektrisiert fahre ich aus meinem Sitz und schaffe es gerade noch, den Bus zu verlassen. Aber ich bin eine Station zu weit gefahren. Schnell auf die andere Seite! Natürlich ist die Ampel auf Rot. Und jetzt hetze ich im Dauerlauf zurück.

»Hallo! Bist du noch empfangsbereit? Hallo! Hörst du mich?«, hämmert es in meinen Schläfen.

»Ja. Was willst du denn noch von mir?«

»Ich spüre schon wieder Angst bei dir, niedergedrückte Stimmung und Erschöpfung. Puls: 110.«

»Gut beobachtet. Ich weiß nicht, ob du dir vorstellen kannst, wie es ist, wenn man zu spät kommt ... Diesmal haut das mit Jesus nicht hin. Damals war man etwas lockerer mit der Zeit, außerdem hatten die noch keine Armbanduhren.«

»Entschuldige, aber du vergisst den Heiligen Geist.«

»Was hat denn der mit der Bushaltestelle zu tun?«

»Schon gewusst, dass mein Geist in dir wohnt? Und der nimmt alles wahr, was gefühlsmäßig bei dir abläuft. Ich kann also deine Hektik wahrnehmen und nachempfinden, und sie nimmt mich ein wenig in deine gepresste Zeitwelt mit.«

»Aha. Ich wusste gar nicht, dass sich der Heilige Geist mit unheiligen Stimmungen abgibt.«

»Das möchte ich überhört haben! Meinst du, ich trete nur mit Leuten in Kontakt, die heilige Stimmungen haben? Erinnere dich an Jesus, wie er bei den Feten der Zöllner und Huren auftauchte. Ich kann unheilige Stimmungen aushalten, sie werfen mich nicht um. Man kann so zu mir kommen, wie man ist. Du weißt doch, das zeichnet eine Freundschaft aus. Verstanden?«

Inzwischen habe ich meine ursprüngliche Haltestelle erreicht. Den Termin kann ich sogar noch schaffen. Etwas entspannter gehe ich weiter.

»Allmählich begreife ich, dass ich es mit einem ungewöhnlichen Gott und einer ungewöhnlichen Freundschaft zu tun habe.«

»Soll das etwa ein Kompliment sein?«

»Ja. So ungefähr.«

»Vielen Dank für diese Anbetung.«

»Anbetung nennst du das?«

»Natürlich. Alles, was an guten Gedanken und Lob auf mich zukommt, ist Anbetung. Dazu muss man nicht erst eine halbe Stunde lang singen, wobei das auch ganz schön ist ... Übrigens, wie geht es dir jetzt?«

»Besser. Das Gespräch mit dir tut mir gut, und ich spüre neue Spannkraft und einen Schuss Freude für den Tag.«

»Dann kann ich zu diesem Morgengebet nur noch Amen sagen.«

»Ich auch.«

»Also, bis später.«

Bettgeflüster

Es muss zwei oder drei Uhr in der Nacht sein, und ich finde immer noch keinen Schlaf.

Mein Laken ist bestimmt furchtbar zerknautscht und verschwitzt.

Vielleicht hat das mit der Nachtabsenkung der Heizung nicht geklappt?

»Es liegt nicht an der Heizung«, flüstert mir Gott ins Ohr.

Oder ich habe nachmittags zu viel schwarzen Tee getrunken, überlege ich in Gedanken. Ich wage nicht, laut zu sprechen, um meine Frau nicht zu wecken.

»Bisher hast du schwarzen Tee immer gut vertragen«, kommt es von Gott zurück.

»Dann mache ich mir wohl zu viele Sorgen.«

»Damit kommst du der Sache schon näher.«

»Aber … meine Zukunft beschäftigt mich nun einmal, und die finanzielle Situation wird auch nicht besser. Dann sind da die Schulden, die getilgt werden müssen, unsere Kinder, die …«

»Ja, ja, ich weiß. Aber du solltest mit dem Sorgenmachen aufhören.«

»Du bist gut!«

»Vielen Dank.«

»Ich habe das ironisch gemeint.«

»Ich auch.«

»Okay, gib mir eine Million Euro und sichere Ausbildungsplätze für meine Kinder, dann werde ich tief und fest wie ein Murmeltier schlafen.«

»Das bringt nichts.«

»O doch. Geld macht zwar nicht glücklich, aber es beruhigt.«

»Aber nur, wenn man innerlich gelassen ist, sonst wird man eher unruhig bei so viel Geld. Es kommt auf dein Innenleben an.«

»Und wie soll ich mein Innenleben nach deiner Meinung gestalten?«

Ich blicke zur Decke, von der die Lampe wie eine blasse, runde Wolke auf mich herunterschaut.

»Du solltest an deinem Gottvertrauen arbeiten.«

»Hört sich gut an. Aber wie?«

»Pass auf, wir machen eine kleine Übung. Du zermarterst dir den Kopf über Dinge, die noch gar nicht passiert sind, und vergisst das Gute, das schon passiert ist und das dein Vertrauen aufbauen könnte. Bevor du abends einschläfst, überlegst du dir jetzt eine Woche lang drei Dinge, die an diesem Tag gut gelaufen sind und für die du dankbar bist …«

»… und vermutlich drei Dinge, die schlecht gelaufen sind?«

»Nein, nein. Das regt nur wieder deine negative Fantasie an. Nur drei Dinge, die gut waren.«

»Eine Woche lang?«

»Ja. Abend für Abend. Achtung, es geht los. Jetzt.«

»Also drei Dinge … Ah ja! Eine Sache fällt mir ein: Ich habe mich mit meinen Kindern heute gar nicht gestritten.«

»Na siehst du, das ist doch schon etwas.«

»Das Zweite, das Zweite … Das ist schon schwerer. Ja, genau: Wir haben den Telefonhörer gefunden, den wir schon seit gestern gesucht haben und dessen Akku leer war.«

»Gut. Und weiter?«

»Jemand hat mir gesagt, dass ihm das Gespräch letzte Woche mit mir gut getan hat.«

»Schön.«

»Meine Güte, ich bin irgendwie so müde.«

»Ich glaube, das Murmeltier grüßt.«

»Welches Murmeltier.«

»War nur ein Scherz.«

Ich sacke weg und schlafe ein. Und es ist seltsam, am nächsten Morgen sind dieselben Dinge, über die ich mir Sorgen gemacht habe, nicht mehr so bedrohlich. Als ob sie nachts geschrumpft wären.

Die Übung war gut. Mir fallen schließlich nach der siebten Nacht nicht nur drei Dinge ein, die gut waren, sondern fünf.

Es ist wieder Abend und ich liege im Bett. »Und jetzt?«, flüstere ich in Gedanken.

»Das mit den drei guten Dingen kannst du ruhig weitermachen, aber danach solltest du den Satz sagen: Ich vertraue Gott, dass alles gut ausgeht.«

»Mehr nicht?«

»Mehr nicht. Das baut dein Vertrauen auf. Mit einem großen Vertrauen kannst du über das Wasser gehen.«

»Meinst du das im Ernst? Ich kann dann über unseren Kiessee gehen?«

»Dass du immer gleich so materiell denkst. Ich dachte über den See deiner Sorgen.«

»Ach so.«

Der Blick

Es ist eigenartig, einen unsichtbaren Gesprächsfreund zu haben. Manchmal denke ich: Das ist ja eigentlich total verrückt ...

Aber als ich neulich einen Psalm gelesen habe, habe ich gemerkt: Diese Dichter haben ja auch nichts anderes erlebt. Nur die Antworten Gottes haben sie nicht immer direkt notiert. Das haben wiederum die Propheten gemacht. Bin ich also ein Prophet? Ich hoffe nicht, denn diese Gespräche betreffen ja hauptsächlich mich. Und überhaupt haben die damals auch schon unverschämt mit Gott geredet, haben ihm Vorwürfe gemacht und ihren ganzen Frust vor ihm ausgekippt.

Neulich hat mich einer unserer Dialoge fast umgehauen. Ich muss immer noch darüber nachdenken. Vielleicht habe ich mich ja auch verhört. Denn die Kommunikation läuft ja durch einen Übersetzer, wie mir Gott einmal klar gemacht hat. Er muss sozusagen mein Sprachmaterial benutzen, um bei mir anzukommen. Und wenn meine Sprachbausteine etwas dürftig sind, wird es schwierig. Zumindest fallen dann seine Antworten etwas schlicht aus. Ich versuche einmal, den Dialog zu rekonstruieren.

Ich bin auf dem Weg zum Supermarkt, als mich Gott kalt erwischt.

Kalt ist es sowieso schon, denn der erste Frost ist vor ein paar Tagen gekommen, und morgens liegt Raureif auf den Dächern der Häuser und der Autos, die den Segen eines Carports nicht kennen.

Ich bin ohne Auto unterwegs, weil es von unserer Tochter benutzt wird. Mit dem Rad will ich bei der Kälte nicht fahren, also gehe ich zu Fuß. Und ich muss einkaufen, denn wir brauchen nicht nur dringend Toilettenpapier, sondern auch eine neue Patrone für den Drucker und einige Lebensmittel für das Abendessen.

Ich habe gerade das neue Gebäude der Sparkasse hinter mir gelassen, da kommt mir eine Frau entgegen. Farbenfrohes Outfit, angenehmes Äußeres, und ihre Augen gleiten nicht zur Seite, sondern ruhen auf meinem Gesicht. Ich meine auch ein winziges Lächeln bei ihr zu erkennen.

Die Frau scheint Interesse an mir zu haben.

Gleichzeitig schaltet sich mein neuer göttlicher Freund ein. Es ist genau die Situation, von der ich sonst immer gedacht habe, dass sie ihn nichts angeht. Man hat ja noch sein Privatleben. Und ich bin nicht scharf auf eine unterschwellige fromme Gehirnwäsche.

»Geh einfach weiter«, sagt Gott.

»Was soll das heißen?«, frage ich in ärgerlichem Ton zurück. »Willst du etwa mein erotisches Leben kontrollieren?«

»Nicht kontrollieren. Ich wollte dich vor unangenehmen Folgen bewahren.«

»Ach so?« Ich weiß, dass ich jetzt leicht ironisch klinge, rede aber trotzdem weiter: »Du traust mir also nicht zu, dass ich eine Frau freundlich anlächle und dann froh gestimmt meiner Wege gehe?«

»Wenn es dabei bleiben würde …«

»Na hör mal«, will ich sagen und kann mich gerade noch an einem Alleebaum festhalten, weil ich über eine dünne Eisschicht geschlittert bin.

»Also hör mal. Was ist denn schon dabei, wenn ich meine Gedanken etwas schweifen lasse und mir ein paar angenehme Szenen mit dieser netten Frau vorstelle?«

»Aus den angenehmen Szenen werden ziemlich direkte Szenen, und abends hängst du dann am Fernseher und suchst nach Sexfilmen.«

»Aha. Um es mal deutlich zu formulieren: Du bist also gegen Pornofilme?«

»Ja.«

»Das ist ja wirklich das Letzte. Das klingt so ... so konservativ .... eng, vorsintflutlich. Im Grunde verklemmt. Ich kann nicht glauben, dass der Gott, der angeblich alles geschaffen haben soll, inklusive Sex und Liebe, im Einzelfall dagegen ist.«

»Ich bin weder gegen Sex noch gegen Liebe. Ich bin insofern konservativ, dass ich Sex für ein lebenslustiges Duo geschaffen habe und nicht für ein Trio.«

»Aber meine Güte, ich gehe doch mit dieser Frau nicht ins Bett. Ich schaue sie nur an ...«

»... und du verlegst dann den Ehebruch lieber in deine Gedanken.«

»Klar. Warum denn nicht? Sei doch froh! Dann brauche ich ihn nicht auszuleben.«

»Sicher. Das klingt ganz vernünftig. Aber wenn du das jahrelang machst, kommst du irgendwann an einen Punkt, an dem du es doch einmal leben willst. Und darauf wollte ich dich aufmerksam machen. Ich habe nicht vor, dich zu gängeln. Ich sage nur: Ich hoffe, du weißt, was du tust. Es ist im Grunde das Gleiche, wenn du jahrelang Hass gegen einen bestimmten Menschen mit dir herumträgst und dir einen saftigen Mord vorstellst. Irgendwann willst du es tun.«

»Das klingt alles so furchtbar moralisch.«

»Ich war schon immer moralisch. Daran hat sich nichts geändert. Denk doch nur an die Zehn Gebote.«

»Ja, aber da steht nur: Du sollst nicht ehebrechen. Und das habe ich ja auch nicht vor.«

»Die Zehn Gebote schließen: Du sollst nicht die Frau deines Nächsten begehren. Das beginnt mit einem Blick und ein bisschen Fantasie.«

»Okay. Reden wir jetzt mal wirklich ernsthaft. In uns Männern steckt eben eine Menge erotischer Energie. Wir stehen unter Strom. Was du da behauptest, das bedeutet praktisch: Gedankenkontrolle. Das geht nicht. Völlig unrealistisch. Es ist eben dein Pech, dass du uns Männer mit dieser … dieser sexuellen Energie ausgestattet hast. Ich hab das schließlich nicht erfunden.«

Ein bisschen freue ich mich, dass ich Gott endlich mal den schwarzen Peter zugeschoben habe.

»Du sagst also«, kontert Gott, »dass du willenlos deinen sexuellen Impulsen ausgeliefert bist wie ein Tier in der Brunstzeit?«

»Hm. Das klingt so ein bisschen brutal, aber … Na ja, der Sex ist eben einer der stärksten Triebe. Man sollte ihn nicht zu sehr unterdrücken, weil …«

»Ach, du liebe Zeit«, fällt mir Gott ins Wort, »jetzt kommt die Sache mit der ungesunden Unterdrückung der Triebe.«

Langsam werde ich wütend, stecke meine Hände noch tiefer in die Manteltaschen und schreite etwas heftiger aus. Der Himmel überzieht sich mit einer blassen Farbe, die den Abend ankündigt. Allmählich verschwindet die Sonne zwischen den Häusern. Es wird jetzt richtig kalt. Warum muss meine Tochter eigentlich das Auto haben?

Vor mir senkt sich die Bahnschranke, und ich bleibe davor mit ein paar anderen Leuten stehen. Ich werde den Dialog jetzt besser in meine Gedanken verlegen.

»Lieber Gott«, sage ich gedanklich sehr bestimmt. »Das alles kann nicht wahr sein. Schau dir doch mal die Leute an, die ihren Trieb ständig unterdrücken. Sie sind meistens langweilig, steril und total verklemmt. Du willst also, dass ich mich zu so einem verkrüppelten Menschen entwickle? Nur zu! Eine tolle Entfaltung unserer Freundschaft! Herzlichen Glückwunsch!«

Einen Augenblick herrscht Schweigen. Sollte ich Gott verstimmt haben?

Aber nein, er redet noch.

»Ich glaube, dass du mich missverstehst, mein Freund. Ich werde dir nicht vorschreiben, dass du keine Sexfilme sehen darfst, und ich werde dir auch nicht befehlen, schönen Frauen nicht hinterherzusehen …«

»Aber vorhin hast du das Gegenteil gesagt.«

»Nein. Vorher habe ich dir meine Überzeugung mitgeteilt. Aber diese Dinge kann man nicht ablegen, wenn man gezwungen oder überredet wird. Das geht nur freiwillig, alles andere führt zum Gegenteil. Ich wollte dir nur sagen, wo es langgeht. Es kann durchaus sein, dass du erst in fünf Jahren so weit bist, deine Gedanken zu kontrollieren.«

»Aha. Es geht also doch um Gedankenkontrolle.«

»Gedankenkontrolle ist nichts Schlechtes. Du benutzt das manchmal, um dich von einer schlechten Laune zu befreien. Da kommt es dir ganz normal vor. Und außerdem begreifst du es immer noch nicht ganz. Ich bin kein sexfeindlicher Gott und habe für dich Sex im Überfluss vorgesehen – mit einer einzigen Frau. Sex sollte ein Ausdruck eurer Liebe sein. Du hast noch nicht einmal im Ansatz erlebt, wie beglückend es ist, wenn man eine Frau wirklich liebt, so dass man jederzeit für sie sterben würde. Der Sex, der aus dieser Liebe wächst, ist eine ungeheure Erfahrung. Und du hast noch nicht ausreichend den Ekel verspürt, der sich breit macht, wenn man Sex an sich betreibt.«

»Sex an sich?«

»Sex losgelöst von einem konkreten, liebevollen Menschen. Sex als Technik, als reine Triebbefriedigung.«

»Och, manchmal ist es ganz gut, den Druck loszuwerden.«

»Kann schon sein. Aber wenn ich dein Freund bin, dann arbeite ich langfristig daran, dass du das größere Glück kennen lernst, das schönste aller Spiele.«

»Hm, das hört sich schon wieder ganz gut an. Ich …«

Unser himmlischer Dialog wird unterbrochen durch den Zug, der an uns vorbeirauscht und mir eiskalte Luft ins Gesicht weht. Langsam geht die Schranke auf, und die Wartenden schieben sich über die Gleise.

»Weißt du, Gott«, sage ich in Gedanken und biege in die Straße ein, die zum Supermarkt führt, »mal ganz unter uns: Wo gibt es schon die große Liebe, von der du vorhin geredet hast? Und wo gibt es diesen … großartigen Sex? Vielleicht im Kino. Das ist doch eher die Ausnahme. Die meisten Leute geben sich mit weniger zufrieden und sind froh, wenn sie zwei Mal im Monat die Gelegenheit dazu haben. Das Ganze scheint mir eher eine sehr prosaische Angelegenheit zu sein.«

»Das kann schon stimmen. Ich wollte dir nur mal zeigen, wie es ursprünglich gemeint war.«

»Gut, ich hab's vernommen. Aber ich bin wahrscheinlich

noch nicht so weit, diesen ganzheitlichen Sex zu leben. Wahrscheinlich bin ich ... bin ich ...«

»Zu schnell zufrieden?«

»Vielleicht.«

»Oder ein bisschen bequem?«

»Nicht ganz ausgeschlossen.«

»Weißt du, mir geht es nur darum, dich auf einen Weg zu bringen. Alte Gewohnheiten sitzen tief.«

Die Glastüren zischen zurück, ich werde von einem Schwall warmer Luft begrüßt und knöpfe meinen Mantel auf.

Meine Güte, denke ich, wohin führen mich diese Dialoge noch?

»Zu einem besseren Leben«, höre ich die alte Stimme wieder, während ich die Druckerpatrone suche und die Frauen um mich herum mit nachdenklichen Augen betrachte.

Das nur nebenbei

»Hörst du mich?«

Gott meldet sich wieder einmal bei mir. Ziemlich unpassend, ich bin nämlich heute dran, das Mittagessen zu kochen und setze gerade den Reis auf. Aber gut. Frauen können ja auch gleichzeitig beim Kochen telefonieren. Es müsste also auch für Männer möglich sein, zwei Dinge gleichzeitig zu bewältigen.

»Ja, ich höre dich.«

»Hast du gerade Zeit?«, fragt Gott.

»Na ja, du siehst doch, dass ich mit dem Kochen anfange, aber wenn ich den Reis aufgesetzt habe, denke ich schon, dass wir reden können.«

Ich schütte zwei Becher Basmati-Reis in den Topf, die doppelte Menge Wasser dazu, streue etwas Salz in das Ganze und stelle die Herdplatte an.

»Ich höre.«

»Es gibt im Grunde nichts Großartiges, was ich dir sagen will.«

Ich stutze.

»Willst du mich auf den Arm nehmen, Gott? Erst deine große Ankündigung, du unterbrichst mich bei der Arbeit, ich denke, dass nun etwas ganz Besonderes kommt, und dann: *Es gibt nichts!*«

»Ich habe nicht gesagt: Es gibt nichts, sondern: nichts Großartiges.«

»Was ist es denn nun?«

Ich fange schon an zu zweifeln, ob ich mir diesmal Gottes Stimme nicht einbilde, und drehe die Hitze auf der Platte zurück, denn das Reiswasser kocht. Man kann die Platte im Grunde ganz ausmachen, denn der Reis bereitet sich jetzt selber zu und ist in zwanzig Minuten servierfertig. Kein Abgießen, wenn man genau die doppelte Menge Wasser nimmt. Das nur nebenbei.

»In deinen Augen ist es vielleicht nichts Großartiges, was ich dir zu sagen habe«, meint Gott. »In meinen schon.«

»Du machst es wirklich spannend«, sage ich und fange schon einmal an, den Tisch zu decken. Von gestern ist noch eine gute Portion Gulasch übrig, die ich nachher nur aufwärmen muss.

»Weißt du«, sagt Gott in einem seltsamen Plauderton. »Ich wollte mich bei dir melden, weil mir die bewusste Nähe zu dir gut tut.«

Ich bleibe verblüfft stehen, mit einem leeren Glas in der Hand.

»Meinst du das wirklich ernst?«, frage ich und hole das Besteck aus der Schublade. Dabei fällt mir ein, dass ich noch eine Schüssel Salat zubereiten könnte. Ich frage mich auch, ob nicht dieses neue Gespräch nur einer seiner pädagogischen Tricks ist, um mir etwas beizubringen.

»Es ist kein Trick«, schaltet sich Gott wieder ein, und mir wird wieder einmal klar, dass man vor ihm nichts verbergen kann. Man wird bei ihm zur absoluten Ehrlichkeit erzogen.

»Aber … aber ich kann es kaum glauben, dass du meine Gesellschaft … brauchst oder gut findest.«

»He! Schon vergessen, dass wir Freunde sind? Und Freunde genießen nun mal die Nähe des anderen, auch wenn sie gar nichts sagen.«

Ich kann mich mit dem Gedanken immer noch nicht anfreunden, dass Gott mich tatsächlich und nicht nur zum Schein liebt. Und es stimmt natürlich: Wenn man jemanden liebt, dann ist man gerne in seiner Nähe. Ich hole einen Kopf Eisbergsalat aus dem Kühlschrank und schneide ihn zurecht.

»Okay«, sage ich, »wenn du mein Freund bist, dann ist es eigentlich klar, dass du gerne in meiner Nähe bist, aber: Das bist du doch sowieso immer.«

»Das stimmt«, antwortet Gott, »aber eher im Verborgenen. Ich halte mich zurück. Und wenn ich dann jemand treffe, mit dem ich ganz bewusst zusammen sein kann, der mich als Freund akzeptiert, dann genieße ich das.«

Ich finde im Kühlschrank noch drei Tomaten und schneide sie in Stücke.

Plötzlich spüre ich, wie mich ein wohliges Wärmegefühl durchrieselt.

»Kommt das von dir?«, frage ich.

»Ich habe dich gerade geistig umarmt«, sagt Gott.

Ein bisschen verlegen bin ich schon. Aber es hat mir sehr gut getan. Ich merke, dass ich mich stark und gut fühle.

»Danke«, flüstere ich leise und suche nach dem Olivenöl.

Diese grässlichen Worte

Es ist Dezember, dritter Advent, und ich muss noch dringend einen Artikel zu Ende schreiben. Ich sitze am Schreibtisch und bin froh, dass es Heizungen gibt. Draußen sieht es richtig ungemütlich aus: Die kahlen Äste unseres Kirschbaums strecken sich in den milchigen Himmel. Ein paar schwarze Krähen sitzen auf dem Dachfirst des Nachbarhauses und krächzen so laut, dass es bis zu mir dringt.

Von oben höre ich aus dem Radio ein verfrühtes Weihnachtslied von irgendeinem Knabenchor: »…rettet von Sünd' und Tod«. Was ist das bloß? Irgendwie kommt mir das bekannt vor … Ach ja: *Es ist ein Ros entsprungen.*

»Rettet von Sünd' und Tod« – das Lied ist zwar schön, aber was mich daran stört, sind diese grässlichen Worte, die durch die Jahrhunderte abgewetzt wurden und einfach lebensfeindlich klingen: *Sünde, Buße, Vergebung, Beichte* und wie sie alle heißen. Würde mich doch sehr interessieren, was Gott selbst zu diesem verstaubten biblischen Vokabular sagt.

Insgeheim hoffe ich, dass er sich selbst einschaltet. Aber bisher kommt nichts. Na gut. Ich habe ja zu tun. Und – so viel ist mir inzwischen klar – er bekommt ja sowieso alles mit und wird sich vermutlich irgendwann melden. Oder ich muss die Sache dringend machen.

Tatsächlich, als ich auf dem Weg zum Briefkasten bin, meldet er sich: »Wie war das noch mal? Verstaubte biblische Worte?«

»Richtig!« Ich hülle mich in meinen Mantel, weil ein scharfer Nordostwind weht.

»Weißt du, Gott. Ich denke, dass ich so etwas jetzt nicht mehr brauche, wenn ich Gott zum Freund habe, oder? *Sünde, Buße, Beichte*. Das hört sich für mich sehr nach einem verkorksten Menschenbild an. Oder nach: *zu Kreuze kriechen*. Das ist genauso ekelhaft.«

»Nicht alles, was verstaubt ist, sollte man wegwerfen. Würdest du verstaubte Brillanten wegwerfen?«

Ich bin am Briefkasten angekommen und werfe meine Briefe ein. Leider muss ich feststellen, dass ich zu spät bin – die Leerung ist schon vorüber.

»Heißt das, dass du diese verstaubten Vokabeln etwa gut findest?«

»Immerhin stehen sie in der Bibel. Aber du hast Recht, die deutschen Übersetzungen sind wahrscheinlich ziemlich verbraucht. Was sie meinen, ist überhaupt nicht verbraucht. Und du selbst hast sie in den letzten Monaten sogar angewandt.«

»So?«

»Ja.«

Ich warte an der Straße den Gegenverkehr ab, weil ich merke, dass sich das Gespräch ausweitet. Dann kann ich genauso gut noch bei der Bäckerei vorbeigehen.

»Also, das verstehe ich nicht.«

»Das ist doch ganz einfach: Sünde bedeutet, dass es ein großes Misstrauen zwischen Gott und den Menschen gibt, einen grässlichen Graben, eine Entfremdung. Und wenn ein Mensch stehen bleibt, darüber nachdenkt und sich zu mir auf den Weg macht, dann hat er Buße getan und ist zu mir umgekehrt.«

»Na ja, wenn du das so erklärst. Aber …«

»Aber was?«

»Das kann nicht alles sein. Die Sünde ist also das große Misstrauen, das habe ich jetzt verstanden, aber was ist mit den vielen Sünden, die wir tun? Wenn ich mich gemein verhalte, Leute verletze … Oder – nur mal angenommen – wenn ich jemanden umbringe, einem anderen die Frau ausspanne und so weiter … Das muss ja dann vermutlich bestraft werden, oder? Und dann habe ich den Eindruck: Wir Menschen machen jeden Tag unzählige Fehler, und du sitzt da und vergibst immer nur. Irgendwie ein Ungleichgewicht. Wir müssen dann untertänigst um Vergebung flehen … Das hört sich alles grässlich an für mich. Bei einer echten Freundschaft müsste man das doch mit einer Handbewegung abtun können, ohne groß darüber zu sprechen.«

»Hm. Es kommt darauf an, ob du deine Sünden loswerden willst oder nicht. Ob du dein Leben in Ordnung bringen willst oder nicht.«

»Das schon. Aber kann man nicht einfach sagen: Ich bin ein Sünder, und dann hat sich's? Alles andere kommt mir kleinlich vor.«

»Ich vergleiche mal die Sache mit einem Fenster, das allmählich verdreckt, weil du in einem Industriegebiet wohnst. Dir bleibt nichts anderes übrig, als zwischendurch einen Lappen zu holen und diese Staubschicht wegzuwischen, wenn du wieder was sehen willst. Und so ist es auch mit diesen grässlichen Worten, wie du das nennst. Es genügt nicht, zu sagen: *O Jammer, ich bekenne, dass ich eine schmutzige Scheibe habe*. Das nützt überhaupt nichts. Du musst zum Lappen greifen, du musst mir deine Sünde sagen, um Vergebung bitten und das Zeug mit meiner Hilfe abwaschen. Also: an deinem Charakter arbeiten. Das ist damit gemeint. Wer das tut, dessen inneres Leben verändert sich mit der Zeit, und du bereitest dich auf den Himmel vor. Manche nennen das Wiedergeburt. Aber ohne innere Veränderung geht es nun mal nicht.«

»Hm. Sieht nach Arbeit aus.«

»Aber je öfter man das macht, desto leichter fällt es einem.«

Noch ganz in Gedanken betrete ich die Bäckerei und kaufe ein Brot, das richtig frisch duftet, als ich es in den Händen halte.

»Steckt eine Menge Mühe und Arbeit drin, bis man so ein Brot in der Hand hält«, meint Gott. »Aber es lohnt sich.«

Badewanne und Sonnenaufgang

Wenn es mir richtig schlecht geht und ich durchhänge, dann hilft mir ab und zu ein Bad in der Wanne mit viel Schaum. Ich lasse dann meine Gedanken los und versuche mich zu entspannen.

So ein Badewannentag ist heute. Den ganzen Tag über war nicht viel mit mir los. Vielleicht schleppe ich auch eine Krankheit mit mir herum. Alles, was ich erledigen wollte, hat nicht so recht geklappt, und nachmittags bin ich beim Ausparken gegen einen dieser blödsinnigen Betonkübel gefahren, die man nicht sieht, wenn man rückwärts fährt.

Also lasse ich mir Wasser in die Wanne. Doch obwohl ich denke, dass es okay ist, zwickt mich mein schlechtes Gewissen: Wäre es nicht umweltverträglicher, zu duschen oder irgendetwas Nützlicheres zu machen, anstatt sich faul im warmen Wasser zu räkeln?

»Das ist doch das Letzte«, höre ich Gottes Kommentar.

»Ah, da bist du ja wieder«, sage ich mit niedergeschlagener Stimme. »Weißt du, Gott, mir geht es nicht so besonders gut, und da wünschte ich mir einfühlsamere Kommentare als: *Das ist doch das Letzte.* Würde das ein richtiger Freund machen? Ich sags nur mal so …«

»Und ich«, sagt Gott, »wiederhole meine Bemerkung von vorhin: *Das ist doch das Letzte*!«

»Lieber Gott«, sage ich müde. »Tut mir Leid, aber ich bin jetzt nicht in der Lage, mich mit dir auseinander zu setzen.«

»Das brauchst du auch nicht. Ich wollte dir nur sagen,

dass ich es unmöglich finde, wie du dir selbst ein Stück Lebensfreude abschneidest!«

Ich stecke meine Hand ins Wasser – es ist noch zu heiß – und lasse kaltes dazulaufen.

»Wo schneide ich mir denn ein Stück Lebensfreude weg?«, frage ich nicht gerade begeistert.

»Da habe ich nun extra das Element Wasser erschaffen«, fängt Gott an, »habe Ingenieuren die Idee eingegeben, wie man unkompliziert ein Heizungssystem aufbaut, damit man Wasser erhitzen kann, habe die Haut des Menschen so beschaffen, dass wohlige Wärme entspannend wirkt, habe Menschen vor Jahrtausenden inspiriert, Badewannen herzustellen. Und nachdem nun das alles zusammengekommen ist, sich sogar in deinem Haus befindet und du dich müde und fertig nach einem heißen Bad sehnst, lässt du dich von ein paar blödsinnigen Gedanken herunterziehen und vermiest dir den Genuss an einem heißen Bad.«

Die Temperatur ist jetzt genau richtig. Ich ziehe mich aus und lasse mich mit Behagen in den Schaum gleiten.

»Ach, so war das gemeint ... Siehst du, in meinem müden Zustand habe ich gedacht, dass du mich kritisieren wolltest.«

»Mein Freund. Manchmal bin ich einfach traurig, dass du dein Leben so wenig genießt. Wann hast du zuletzt einem Sonnenaufgang betrachtet? Wann hast du zuletzt mit deiner Tochter einen guten Film gesehen? Wann hast du dir etwas wirklich Schönes zum Anziehen gekauft? Wann warst du das letzte Mal mit deiner Frau essen? Und warum verbietest du dir ständig von guten Dingen zu träumen?«

Ich schließe die Augen und sage nur: »Danke. Es tut gut, wenn man mal zwischendurch von ganz oben die Erlaubnis erhält, sein Leben zu genießen.«

Eine halbe Stunde später habe ich plötzlich eine Idee, treffe meine Vorbereitungen, gehe ins Bett und lese neben meiner Frau noch in einem Buch, bis mir die Augen zufallen.

Um fünf klingelt der Wecker. Meine Frau schreckt hoch. »Was ist denn los?«

Ich werde allmählich wach und richte mich auf. »Ich hab den Wecker so früh gestellt, um den Sonnenaufgang zu erleben.«

»Bist du verrückt geworden?«, murmelt sie halb im Schlaf.

»Nein, ich genieße mein Leben.«

Sie stöhnt und richtet sich dann auch auf.

»Wenn das so ist, komme ich mit.«

Wir ziehen uns schweigend an: Pullover, feste Hose, Mantel, Schal. Ich nehme meinen Rucksack mit, wir setzen uns ins Auto und fahren den Hügel in der Nähe unseres Hauses hinauf. Draußen liegt noch eine dünne Schicht Restschnee. Es sieht zwar wie Winter aus, aber immerhin ist es jetzt Anfang März, die ersten Schneeglöckchen und ein paar Winterlinge wachsen schon in unserem Garten. Der Himmel ist auch nicht mehr tiefschwarz, sondern grau wie Blei. An einer Stelle sehen wir hellgraue Streifen, als ob ein betrunkener Maler mit einem breiten Tapezierpinsel über den Himmel gewischt hat.

Ich schalte die Scheinwerfer aus, wir klettern aus dem Wagen und gehen am Waldrand entlang weiter nach oben. An den Tannenzweigen haben sich noch ein paar Schneeklumpen gehalten.

Unmerklich verbreiten sich am Himmel die hellgrauen Striche, und über dem Horizont erscheint eine furchtbar kitschige, rosafarbene Spur, die aber in Wirklichkeit gar nicht kitschig ist. Sie wäre nur kitschig, wenn man eine Postkarte davon herstellen würde.

Wir bleiben stehen und betrachten stumm den Himmel, bis uns kalt wird und wir uns gegenseitig wärmen. Innerhalb von Minuten geht das Rosa in Pink über, in Orange, und dann schiebt sich ein zitterndes leuchtendes Licht in unser Blickfeld: der obere Rand der Sonnenscheibe.

Wir bleiben, bis die Sonne in ihrer ganzen Pracht zu sehen ist.

Dann krame ich in meinem Rucksack, hole eine Thermoskanne mit Tee, die ich abends vorbereitet habe, und gieße ein.

Warm rinnt der Tee die Speiseröhre hinunter und wärmt uns von innen.

Jetzt müssen wir uns schon abwenden, weil das Licht zu stark wird.

Wir steigen wieder ins Auto und fahren stumm zurück, und ich denke: Es ist gut, einen Freund zu haben, der jeden Morgen eine Extravorstellung seiner Kunst zum Besten gibt. Eigentlich schade, dass man viel zu wenig darauf achtet.

Zu fünfundneunzig Prozent

Ich sitze auf der Terrasse, sehe, wie die Ameisen ihre Arbeit tun, und erfreue mich an den Bündeln von gelben Narzissen, die zwischen den Rosen hochgeschossen sind und blühen. Es ist herrlich, endlich wieder draußen sitzen zu können.

Das ferne Brummen eines Flugzeugs dringt bis zu mir herunter, und es gibt Bienen, die sich für meine Narzissen interessieren. Zwischen den Steinen sind wieder wie letztes Jahr Grasbüschel gewachsen, die ich irgendwann entfernen werde. Und natürlich erhebt sich die Armee des Löwenzahns allmählich aus dem Winterschlaf. Ich weiß, ich weiß: eine alte Heilpflanze!

»Da es dir so gut geht«, sagt Gott, »denke ich, dass es jetzt an der Zeit ist, mich zu verabschieden.«

Ich zucke erschreckt zusammen. Gott will sich verabschieden?

»Natürlich nicht richtig«, sagt er. »Ich bin ja immer da. Aber du wirst meine Stimme nicht mehr laut hören können. Damit müssen wir nun Schluss machen.«

»Aber warum denn? Ich habe mich so daran gewöhnt und …«

»Gewohnheiten sind nicht das A und O.«

»Sicher. Aber was hat es für einen Sinn, wenn ich dich nicht mehr höre? Ich werde vereinsamen.«

»Ich habe nicht gesagt, dass du mich nicht mehr hörst, sondern nur, dass du meine Stimme nicht mehr laut hörst.«

»Du meinst, ich höre dich in Gedanken?«

»So ist es.«

»Aber das ist gar nicht so einfach, weißt du. Wie soll ich zwischen meinen Gedanken deine Stimme heraushören?«

»Dir wird es so gehen wie den meisten Gläubigen. Sie haben mit dem gleichen Problem zu kämpfen. Aber ich sage dir etwas: Du wirst es lernen, zu unterscheiden. Jetzt hast du ja eine Ahnung, wie ich rede.«

»Und da ist nichts zu machen? Vielleicht einmal im Jahr an Weihnachten oder an Ostern?«

»Nein, nein. Glaub mir, auf Dauer tut es dir nicht gut, wenn ich so laut bin. Es untergräbt deine Freiheit. Und manchmal brauchst du das Risiko, meiner Stimme zu folgen und nicht hundertprozentig zu wissen, ob sie es ist.«

»Das ist dann wohl der so genannte Restglauben, was?«

»So ungefähr.«

Vor mir hat sich eine Amsel auf einem Rosenzweig niedergelassen, auf dem erst ganz kleine Knospen zu sehen sind. Der Zweig schaukelt mit ihr hin und her, und sie scheint mich anzublicken.

Ich werde still und es kommt mir so vor, als ob in mir eine feine zurückhaltende Stimme sagt: »Ein neues Kapitel von Don Camillo beginnt. Der leise Don Camillo.«

Tatsächlich hört es sich so an, als ob das eben Gott gesagt hat. Mein Freund. Jedenfalls bin ich mir zu fünfundneunzig Prozent sicher.